オバマ演説集

The Speeches of Barack Obama

『CNN English Express』編集部＝編

朝日出版社

● CD収録時間：41分13秒

- ●本書の収録コンテンツの一部は月刊英語学習誌『CNN English Express』の記事・音声を再編集したものです。
- ●『CNN English Express』についての詳しい情報は下記をご覧ください。
  パソコンから　http://ee.asahipress.com/
  ケータイから　http://asahipress.jp/
- ● CNN の番組視聴については下記をご覧ください。
  　　　　　　　http://www.jctv.co.jp/cnnj/
- ● CNN のニュースをネットで読むには下記へアクセスしてください。
  英語サイト　　http://www.cnn.com/
  日本語サイト　http://www.cnn.co.jp/

CNN name, logo and all associated elements TM and ⓒ 2008 Cable News　Network. A TimeWarner Company. All rights reserved.

Contents

- オバマ流スピーチのひみつを探る――本書のガイドをかねて ・・・・・・・・・ 04
- オバマ年表 ・・ 08

CNNが伝えたバラク・オバマの半生 ・・・・・・・・・・・・・・ [CD Track01-06] 09
Who Is Barack Obama?

2004年民主党大会基調演説「大いなる希望」 ・・・・・・・・ [CD Track07-22] 21
Keynote Address at the 2004 DNC: The Audacity of Hope

ヒラリーとの激しい指名争いの中で ・・・・・・・・・・・・・・・ [CD Track23-26] 53
Neck and Neck in the Primaries

指名受諾演説「アメリカの約束」 ・・・・・・・・・・・・・・・・・・ [CD Track27-32] 61
Acceptance Speech: The American Promise

勝利演説「アメリカに変化が訪れた」 ・・・・・・・・・・・・・・ [CD Track33-38] 73
Victory Speech: Change Has Come to America

- ボキャブラリー・チェック ・・・・・・・・・・・・・・・・・・・・・・・・・・・・・・・・・・・ 84
- オバマ報道の「新しい英語」 ・・・・・・・・・・・・・・・・・・・・・・・・・・・・・・・・ 93
- CDナレーション原稿 ・・・・・・・・・・・・・・・・・・・・・・・・・・・・・・・・・・・・・・ 95

オバマ流スピーチのひみつを探る
―― 本書のガイドをかねて

鈴木 健（津田塾大学准教授）

■はじめに

　2009年1月20日に第44代アメリカ合衆国大統領に就任するバラク・オバマは、まれにみるスピーチの名手と評されています。ここでは、本書に掲載されたスピーチを例に引きながら、国民を熱狂させるオバマの魅力の源泉に迫るとともに、その巧みなレトリック（言語表現のワザ）のひみつについて考えてみます。

■オバマ流レトリックのひみつ

　西洋には、2300年以上にもおよぶ「人々を説得する技術」としてのレトリックの伝統があります。その流れの中でオバマのレトリックを見ると、3つの大きな特徴があることに気づかされます。すなわち、その3つこそが、スピーチを非常に感動的なものにする、オバマ流レトリックのひみつなのです。

ひみつ①：実演

　まず第1に挙げられるのは、専門家が「実演」(enactment) と呼ぶテクニックです。これは、話している内容の証明として話し手自身が機能するような技巧を指します。

　それまでイリノイ州の無名の新人にすぎなかったオバマが全国的に知られるきっかけとなったのは、2004年民主党大会での「基調演説」でした。このとき彼は、次のような感動的スピーチを行って、将来の大統領候補と目されるようになったのです（本書p.45参照）。

「私は今夜、彼らにこう言います、リベラルなアメリカも保守的なアメリカもありはしない――あるのはアメリカ合衆国なのだと。黒人のアメリカも白人のアメリカもラテン系のアメリカもアジア系のアメリカもありはしない――あるのはアメリカ合衆国なのだと。（……）イラクにおける戦争に反対した愛国者もいれば、それに賛成した愛国者もいます。われわれはひとつの国民であり、われわれ皆が星条旗に忠誠を誓い、われわれ皆がアメリカ合衆国を守っているのです」

　ケニアからの黒人留学生とカンザス州出身の白人女性との間に生まれたオバマは、

モザイク社会とも呼ばれる多民族国家アメリカにおいて、彼自身が「人種の融合の象徴」といえます。つまり、上に引いたスピーチにおいて、その内容を彼自身が実演していることになるのです。

　また、この当時のアメリカは、ブッシュ現大統領によるイラク戦争の是非をめぐって賛成派と反対派とに国が二分され、合衆国 (United States) ではなく分裂国 (Divided States) ではないかという声も上がるほどでした。国民のそうした危機感が、「融合の象徴」としてのオバマのスピーチに反応したということも、見逃すことはできません。

ひみつ②：再現

　次に挙げられるのは、「再現」(repetition) の多用です。同じ構造の文を繰り返すことで、リズムを整え、聴衆に内容を理解しやすくする効果があります。

　たとえば、予備選の山場のひとつであったミニチューズデー (2008年3月4日) の夜の演説で、オバマは次のような締めくくり方をしています (本書p.59参照)。
「世界は何を見るでしょう？　われわれは世界に何を伝えるのでしょう？　われわれは何を示すのでしょう？」
　と疑問文を3回繰り返した後で、
「われわれは、党派や地域、人種や宗教を超えてひとつになり、(……) 繁栄と機会を取り戻すことができるのか。国際社会を先導して、21世紀の共通の脅威 (……) に立ち向かうことができるのか。恐怖や貧困から逃れたいと望む海の向こうの疲れ果てた旅行者に対して、(……) 最後にして最良の地上の希望であるというメッセージを送ることができるのか」
　と再び疑問文を3回繰り返しています。そしてさらに、
「われわれはこう言います、こう願います、こう信じます」
　と、疑問に対する回答を3回同じ構造で繰り返しているのです。

　こうした構造は、長身でバリトンの声を持つ話しぶり (delivery) とも相まって、オバマのスピーチの大きな魅力になっています。

ひみつ③：イデオグラフ

　最後に挙げるのは、専門家が「イデオグラフ」(ideograph) と呼ぶテクニックです。

これは、覚えやすくインパクトのある言葉やフレーズを、政治的スローガンとして用いる技巧です。

　大恐慌時にローズベルトが掲げた「ニューディール」や60年代におけるケネディの「ニューフロンティア」など、かつては挑戦的なスローガンが大統領によって提示されてきました。しかし近年では、レーガンの「レーガノミクッス」やブッシュ（子）の「思いやりのある保守主義」など、その大統領の政策を指すだけのフレーズが多くなってしまっていました。

　オバマは、キャンペーン中、「希望」(hope)や「変化」(change)などのシンプルなスローガンを繰り返しつつ、自分のビジョンや具体的な政策をスピーチなどで提示するという戦略を取ったのです。

　最近のアメリカでは、ますます多くの有権者がインターネットから情報を得るようになっており、オバマ陣営はソーシャル・ネットワーキング・サービス (SNS; 日本ではmixiが有名)などを利用する選挙運動を重視しました。そうした際にも、まずわかりやすいスローガンで有権者の支持を得るというやり方は的を射たものといえます。

　たとえば、2004年民主党大会基調演説のクライマックス（本書p.47参照）では、「われわれは冷笑主義の政治に参加するのか、それとも希望の政治に参加するのか」と問うた後に、「希望」という言葉を11回も用いています。

　一方、2008年民主党大会での指名受諾演説（本書p.63参照）では、「アメリカの約束」(American Promise)というキーワードが多用されています。これは、オバマは単に「希望」を強調するだけの政治家だ、という批判を意識したものです。「よりよいものを追求するはずの＜国＞が、夢を追い求める自由を持つはずの＜国民＞に対し、その責任を果たしていない」というのがオバマの考えです。そして、さまざまな政策分野において「アメリカの約束」が果たされることこそ偉大な国家が復活する道である、と示しているのです。

　また、オバマは、予備選では「われわれが信じることのできる変化」(Change We Can Believe In)というスローガンを、本選では「われわれが必要とする変化」(Change We Need)というスローガンを使いました。これらについては、指名受諾演説の中で、次のように具体的な説明を行っています（本書p.67参照）。
「変化の結果として出来上がる税法では、その法案をまとめたロビイストが報われる

のではなく、報われてしかるべきアメリカの労働者と中小企業が報われるのです。（……）全勤労者世帯の95％に対して減税を実施します。なぜなら、現在のような景気では、中流階級に対する増税は決してすべきではないからです」

　ジョン・F・ケネディになぞらえて、「黒いケネディ」などと呼ばれることの多いオバマですが、レトリックという面から分析してみると、実は「変化」のスローガンや「中流階級」へのアピールなど、ビル・クリントンとの類似点が多いことがわかります。

■オバマ流キャンペーンの特徴

　最後に、人種などを意識した有権者へのアプローチの仕方という面で、オバマが従来とは異なった取り組みをしたことを、付け加えておきたいと思います。

　これまでは、リベラルな東海岸と西海岸が民主党の地盤、南部と保守的な中西部諸州が共和党の地盤と色分けされ、候補者はそれ以外の激戦州（swing states）に資金やキャンペーンを集中的につぎ込む、ということが恒例化していました。

　その背景にあったのは、1968年に共和党のニクソンが取った「南部戦略」です。南北戦争以来の民主党の地盤であった南部で、黒人の権利拡張運動などに危機感を抱く保守的な白人労働者の反感に訴え、ニクソンが支持を拡大したのです。この南部戦略は、その後の半世紀におよぶ共和党の隆盛を基礎づけました（1968年の後2004年まで、大統領選は共和党が6勝、民主党が3勝）。

　しかし、今回の選挙でのオバマは、そうした地域戦略とは別の視点に基づいた「全国展開」を行いました。白人に比べて投票率が低い黒人層や、今までは投票に行く人が少なかった若者層に対し、有権者登録を奨励することで票の掘り起こしを行ったのです。

　そうした観点からも、「黒人初の米大統領」の誕生は、キャンペーン史に残る転換点だったといえそうです。

SUZUKI Takeshi
コミュニケーション学博士（PhD）。フルブライト研究員および南カリフォルニア大学客員教授を経て、現在は津田塾大学英文科准教授。著書に『大統領選を読む！』（朝日出版社）など。今回の大統領選では、NHK BSの番組などで候補者ディベートの解説を担当。

■オバマ年表

1961	8月4日	ハワイでバラク・オバマ誕生
1964		両親が離婚
1965		実父がケニアへ帰国
1967		母の再婚に伴ってインドネシアへ移住
1979		ロサンゼルスのオキシデンタルカレッジに進学
1981		コロンビア大学に編入
1983		同大学を卒業して出版社などに勤務
1984		シカゴに移ってコミュニティー・オーガナイザーに
1988		ハーバード大学法科大学院に入学
1990		『ハーバード・ロー・レビュー』初の黒人編集長に
1991		法科大学院を修了してシカゴの法律事務所へ
1992		弁護士のミシェル・ロビンソンと結婚
1995		自伝『マイ・ドリーム(Dreams from My Father)』出版
1996		イリノイ州議会上院議員に当選
1998		長女マリア誕生
2000		連邦下院議員選挙に出馬して落選
2001		次女サーシャ誕生
2004	7月27日	民主党大会基調演説「大いなる希望」[→本書 p.21]
	11月	連邦上院議員に初当選
2006		『合衆国再生(The Audacity of Hope)』出版
2007	2月	大統領選への立候補を公式に宣言
2008	1月3日	アイオワ州党員集会から予備選がスタート
	3月4日	ヒラリーとの激しい指名争いの中で[→本書 p.53]
	6月3日	予備選最終日にオバマがようやく勝利を確定
	8月27日	民主党大会で正式な候補者指名を受ける
		副大統領候補にはジョセフ・バイデンを指名
	8月28日	指名受諾演説「アメリカの約束」[→本書 p.61]
	9月5日	共和党大会でジョン・マケインが指名受諾演説
		副大統領候補にはサラ・ペイリンが指名される
	11月4日	本選挙投票日
		勝利演説「アメリカに変化が訪れた」[→本書 p.73]
	5日	政権移行チームのメンバーを発表
	12月5日	正式に大統領当選者を決めるために代議員が投票
2009	1月6日	新しい連邦議会が開会して正式に選挙結果を発表
	1月20日	第44代アメリカ合衆国大統領就任式
		就任演説

CNNが伝えたバラク・オバマの半生

Who Is Barack Obama?

米国史上初のアフリカ系(黒人)大統領となるオバマ。
彼がこれまでたどって来た道筋を見ると、
マイノリティーの少年が苦難を乗り越えて国の指導者へと成長する物語
——まさにアメリカン・ドリーム!——がそこにある。
オバマの演説に触れる前に、彼の価値観を形づくった半生を、
CNN の放送で振り返ろう。

放送日:2008 年7月19日(日本時間)　CD 収録時間:4分36秒

写真:ロイター/アフロ

Track 02

Who Is Barack Obama?

■神に祝福されし者

　Barack Obama was born August 4, 1961. He was named after his father. Barack means "one who's blessed by God" in Swahili. Barack Obama Sr. grew up herding goats in a remote village in Kenya but won a scholarship to study at the University of Hawaii. The woman who would be his mother moved with her parents from Kansas to Hawaii where she met Obama's father in a Russian language class.

　"By all accounts it was love at first sight. They...Much to the chagrin of her parents, I think." (David Mendell, Author, *Obama: From Promise to Power*)

　When Obama was 2, his father won a scholarship to study at Harvard. He left his young family behind and returned only once, when Barack was 10. It was Obama's mother's influence as much as his father's absence that would shape his life.

---

name A after B:
Bの名をとってAに名づける
be blessed:
①祝福される　②恵まれている
Swahili:
スワヒリ語　▶東アフリカ沿岸から中央にかけて、共通語として広く用いられている言語。

Sr.:
＝Senior　（同名の父子などを区別して）父親の
grow up:
成長する
herd:
（家畜の）番をする、世話をする
goat:
ヤギ

remote:
遠隔の、人里離れた
win a scholarship:
奨学金を獲得する
move from A to B:
AからBに引っ越す
Russian:
ロシアの

CNN が伝えた
バラク・オバマの半生

　バラク・オバマは、1961年8月4日生まれ。父親の名前をとって命名されました。バラクは、スワヒリ語で「神に祝福されし者」という意味です。父親のバラク・オバマは、ケニアの辺境の村でヤギの世話をしながら成長しましたが、奨学金を獲得して、ハワイ大学で学びました。オバマの母親となる女性は、両親とともにカンザス州からハワイへ引っ越し、(ハワイ大学の)ロシア語の授業でオバマの父親と出会いました。

「誰に聞いても、一目ぼれだったそうです。彼らは……オバマの母親の両親は(娘が黒人と結婚したことを)非常に残念がったと思いますね」(デービッド・メンデル 『Obama: From Promise to Power』の著者)
　オバマが2歳のとき、父親は奨学金を獲得し、ハーバード大学で学ぶことになりました。父親は幼い子どもと妻を後に残し、戻ってきたのはたった1度、バラクが10歳のときだけでした。母親の影響と父親の不在が、ともにオバマの人生を方向づけることになりました。

by all accounts: 誰に聞いても、誰の説明でも **love at first sight:** 一目ぼれ **much to the chagrin of:** 〜にとって非常に悔しいことに、残念なことに **author:** 作者、著者	**promise:** ①約束　②有望性 **power:** 力、権力 **leave...behind:** …を置き去りにする、後に残して行く **young family:** 子どものまだ小さい家庭	**influence:** 影響、感化 **A as much as B:** Bと同じだけAも、AとBが同程度に **absence:** 不在、留守 **shape:** 〜を形づくる、方向づける

Who Is Barack Obama?

■人種を意識し始めた幼少時代

　When Obama was 5, his mother remarried an Indonesian man and a year later moved the family to Jakarta. And there, for the first time in his life, Barack Obama had a racial awakening. He was teased for the color of his skin. At 10 years old, Obama returned to Hawaii to attend one of the state's most elite prep schools, Punahou School. He lived with his grandparents in a cramped two-bedroom apartment while his mother stayed in Indonesia.

　"He had a sense of parental abandonment because his father was not around. And his mother was gone for...for periods of time too." (David Mendell)

　Obama also felt left out at his mostly white, mostly wealthy high school. He got mostly Bs, sang in the choir and wrote poetry but his true passion was basketball. It was off the court that he struggled with his identity. Obama says he tried drugs to numb his confusion, but he kept his grades high enough to get into Occidental College in Los Angeles.

---

remarry: 〜と再婚する **for the first time in one's life:** 生まれて初めて **racial:** 人種の、民族の **awakening:** 覚せい、意識の目覚め	**tease:** 〜をからかう、いじめる **attend:** （学校に）通う **state:** 州 **elite:** 選ばれた人向けの、名門の	**prep school:** = preparatory school　《米》プレパラトリースクール　▶大学進学の準備教育をする私立中学や高校。 **cramped:** 狭苦しい、窮屈な **parental abandonment:** 親の責任放棄、親に見捨てられること

CNNが伝えた
バラク・オバマの半生

　オバマが5歳のとき、母親はインドネシア人男性と再婚し、1年後、一家はジャカルタに移りました。そしてそこで、生まれて初めて、バラク・オバマは人種というものを意識しました。肌の色のことで、からかわれたのです。オバマは10歳でハワイに戻り、州の最名門プレパラトリースクールのひとつであるプナホウスクールに通うことになりました。彼は祖父母と一緒に寝室2つの窮屈なアパートで暮らしましたが、母親はインドネシアに残りました。

「彼は親に見捨てられたと感じていたんですよ、父親はそばにいなかったのですから。それに母親まで、しばらくの間、離れてしまうことがあったのですからね」（デービッド・メンデル）
　またオバマは、大部分が白人で大部分が裕福という学校で、自分が孤立しているようにも感じました。成績はほとんど「B」で、聖歌隊で歌い、詩も書きましたが、本当に熱中したのはバスケットボールでした。それでもコートを離れると、自分のアイデンティティーに悩まされたのです。オバマ本人によれば、心のかっとうを紛らわすためにドラッグに手を出したそうですが、成績は維持し、ロサンゼルスのオキシデンタルカレッジに入学することができました。

be around: そばにいる	**wealthy:** 裕福な	**numb:** 〜の感覚をまひさせる
be gone: いなくなる、立ち去る	**choir:** 聖歌隊、合唱団	**confusion:** 混乱、困惑
for periods of time: 一定の期間	**poetry:** 詩、詩歌	**keep...high:** …を高く保つ、維持する
be left out: 取り残される、孤立する	**struggle with:** 〜に苦しむ、悩む	**grade:** 成績
mostly: 大部分、ほとんど	**identity:** (自己の)存在証明	**get into:** 〜に入学する

Who Is Barack Obama?

■「バリー」ではなく「バラク」として

It was 1979 when Barack Obama arrived in Los Angeles at Occidental College. Obama sought out the more politically active black students, and after years of trying to blend in as Barry, he embraced his given African name, Barack. Still restless, two years later, he transferred to Columbia University.

He graduated from Columbia and then took a job as a community organizer for a church-based group serving Chicago's public housing projects. Obama had small successes, but after a few years he'd grown frustrated. Obama applied to Harvard Law School and was accepted. After his first year of law school, he became a summer associate at this Chicago law firm. Michelle Robinson, a Harvard grad and a lawyer, was assigned to be his mentor. Obama asked her out; she finally agreed.

"One of the reasons why I respect Barack is that he understands 'to whom much is given, much is expected,' and when you're blessed, you don't sit on your blessings, that you figure out how do you make use of them and give them to the greatest number of people." (Michelle Obama, Barack's Wife)

---

seek out:
〜を探し出す、見つけ出す
blend in:
うまく溶け込む、なじむ
embrace:
（主義・方針などを）受け入れる、採用する
restless:
落ち着かない、満足できない

transfer to:
〜に移る、転校する
graduate from:
（各種の学校を）卒業する
community organizer:
コミュニティー・オーガナイザー
▶コミュニティーのまとめ役として諸問題に携わる地域活動家を指す。

-based:
…に基づく、…を基盤とした
serve:
①〜のために働く、力を尽くす
②仕える、勤務する
public housing:
（低所得者向けの）公営住宅
apply to:
〜に入学を申し込む、出願する

CNNが伝えた
バラク・オバマの半生

　1979年、バラク・オバマはロサンゼルスのオキシデンタルカレッジに到着しました。彼はそこで自分よりも政治意識の高い黒人学生たちを見つけました。そして、それまでは何年も(アメリカ風の)「バリー」という名前で周囲に溶け込もうとしてきましたが、アフリカ風の名である「バラク」を使い始めました。それでも状況に満足することなく、2年後にはコロンビア大学に編入しました。

　コロンビア大学を卒業すると、教会を拠点とする団体のコミュニティー・オーガナイザーの仕事に就き、シカゴの公営住宅プロジェクトに携わりました。いくつものささやかな成功を収めますが、数年後には欲求不満が高まっていました。オバマはハーバード大学法科大学院に出願し、入学を認められました。法科大学院の1年目を終えると、シカゴのこの(シドリー・オースティン)法律事務所のサマーアソシエイトになりました。ミシェル・ロビンソンという、ハーバード大学卒の弁護士が、彼の教育係を担当しました。オバマはミシェルをデートに誘い、彼女も最後には承諾しました。

「私がバラクを尊敬する理由のひとつは、彼が理解しているからです、『多くを与えられた者は多くを求められる』のであり、恵まれている人は恵みの上にあぐらをかいていてはいけないのだということを。そして、どのようにその恵みを活用すれば、最も多くの人々に分け与えられることになるかを考えなければいけないのだということを」(ミシェル・オバマ　バラクの妻)

---

accept:
〜の入学を認める　▶オバマはハーバード大学法科大学院に入学後、学内の権威ある専門誌の編集長を黒人として初めて務めた。

summer associate:
サマーアソシエイト　▶夏季休暇の間、法律事務所で実務研修を行う法科大学院生。

law firm:
法律事務所

grad:
= graduate　(特に大学の)卒業生

lawyer:
弁護士

assign...to do:
…を〜するように選任する

mentor:
助言者、教育係

ask...out:
…をデートに誘う

blessing:
(神の)恩恵、恵み

figure out:
〜を解明する、考え出す

make use of:
〜を利用する、活用する

Who Is Barack Obama?

■ 1996年に政界デビュー

Obama graduated magna cum laude from Harvard in 1991. He went to work for this civil rights law firm in Chicago and finally started to put down roots, joining a community, a church, even finding a neighborhood barbershop where he still goes today. He also married Michelle Robinson.

Twelve years ago in 1996, Obama began his political career when Obama won an Illinois State Senate seat. After only three years in the State Senate, Obama ran for Congress against a popular incumbent.

"His political aides and his friends, political friends told him, 'This is...this race is going to be disastrous.' But he was a man in such a hurry to get to that next office that he did it anyway." (David Mendell)

He did it anyway and lost.

"The Bobby Rush race also taught him a lesson that timing was key. Having the right opening is key." (David Mendell)

---

magna cum laude:
優等で、最優等に次ぐ成績で
civil rights:
公民権、市民権
put down roots:
（場所・地位に）落ち着く、根を下ろす

barbershop:
理髪店、床屋
political career:
政治家としてのキャリア、経歴
win a seat:
議席を勝ち取る、当選する
the Senate:
（二院制議会の）上院

run for:
〜に立候補する、出馬する
Congress:
（米国の）国会、連邦議会
popular:
人気のある、大衆から支持された
incumbent:
現職者、現職議員

CNNが伝えた
バラク・オバマの半生

　オバマは1991年にハーバード大学法科大学院を優等で卒業しました。彼はシカゴにある公民権専門のこの（マイナー、バーンヒル＆ガラント）法律事務所に就職して、ようやく落ち着き始め、コミュニティーと教会の一員となりました。近所に理髪店も見つけましたが、そこには今でも通っています。そして、彼はミシェル・ロビンソンと結婚しました。

　12年前の1996年、オバマは政治家としての活動を開始し、イリノイ州議会の上院議員の座を勝ち取りました。州議会上院議員になってわずか3年後、オバマは支持率の高い現職を相手に、連邦議会議員に立候補しました。

　「彼の政治補佐官たちや友人、政治上の友人たちは言いました、『これは……この選挙戦は悲惨な結果になるぞ』と。しかし、オバマは急いでその次の地位へ進みたいという思いの強い人だったので、それでも打って出たんです」（デービッド・メンデル）

　オバマはともかく打って出て、敗れる結果となりました。
　「ボビー・ラッシュとの選挙戦は、彼に教訓も与えてくれましたが、それはタイミングが重要だということです。好機をつかむことが重要なんですね」（デービッド・メンデル）

---

aide:
補佐官、側近
race:
選挙戦
disastrous:
損害の大きい、悲惨な
(be) in a hurry to do:
急いで〜しようとする

such...that:
非常に…なので〜である
office:
（政府・会社などの）責任ある地位、役職
anyway:
《but節で文尾に置いて》それでもやはり

Bobby Rush race:
ボビー・ラッシュとの選挙戦
▶オバマは2000年に連邦下院議員選挙に出馬し、予備選で民主党現職のボビー・ラッシュに敗北した。
lesson:
教訓
opening:
機会、好機

Who Is Barack Obama?

■「ひとつの米国」を目指して

Four years later he timed it right, running for United States Senate. He won by a landslide.

"His broad support in the U.S. Senate race in 2004 was unheard of in Illinois politics for a black politician. He won in white areas of Illinois that no...that...that black people even today don't venture into." (David Mendell)

That same year as keynote speaker for the Democratic National Convention, Obama burst onto the national radar.

"There is not a liberal America and a conservative America—there is the United States of America." (Barack Obama)

"It was such a powerful speech. I felt so good for him that tears was running down my eyes. And so we all felt so proud and so good that he was so successful in delivering that speech." (Emil Jones, President, Illinois State Senate)

Obama had served less than half of his first term as U.S. senator when he announced:

"...my candidacy for president of the United States of America." (Barack Obama)

---

time:
〜を好時機に行う、〜にふさわしい時を選ぶ
landslide:
地すべり的勝利、圧倒的な勝利
▶オバマは2004年、対立候補を得票率70%対27%の大差で破り、イリノイ州選出の連邦上院議員に初当選した。

broad:
広い、広範な
be unheard of:
今まで聞いたことがない、前代未聞である
politics:
政治、政界
venture into:
(危険を冒して)〜に入る、足を踏み入れる

keynote speaker:
基調演説者
Democratic National Convention:
民主党大会　▶オバマは2004年7月、ジョン・ケリー上院議員を大統領候補として選出した民主党大会で基調演説を行った。

CNNが伝えた
バラク・オバマの半生

　4年後、オバマはまさしく好機をとらえ、アメリカ連邦議会上院議員選に出馬しました。圧勝でした。
「2004年の連邦上院議員選での幅広い支持は、イリノイ州政界の黒人政治家に対するものとしては、前代未聞でした。彼はイリノイ州の白人地区で勝利を収めましたが、そこは誰も……今も黒人は足を踏み入れないような場所なんです」(デービッド・メンデル)
　同じ年、民主党大会の基調演説者として、オバマは突然、全米の注目を浴びました。
「リベラルのアメリカも保守のアメリカもありはしない──あるのはアメリカ合衆国なのだ」(バラク・オバマ)
「実に力強いスピーチでした。彼のために本当にうれしく思い、涙がこぼれましたよ。われわれ全員が非常に誇らしく、非常にうれしく思いました、彼があの演説を見事にやり遂げたことを」(エミール・ジョーンズ　イリノイ州議会上院議長)
　オバマは連邦上院議員としての最初の任期を半分足らず務めた時点で、こう宣言したのです。
「……私はアメリカ合衆国大統領に立候補いたします」(バラク・オバマ)

(訳　大野万紀)

---

burst onto:
〜上に突然現れる
national:
全国的な、全国民の
radar:
(比ゆ的な意味で)レーダー、探知網
liberal:
自由主義の、リベラルな
conservative:
保守主義の、保守的な
be successful in doing:
〜することに成功する
deliver:
(演説・説教を)する
president:
①(会の)議長　②大統領
term:
任期
senator:
上院議員
announce:
〜を発表する、宣言する
candidacy:
立候補　▶オバマは2007年2月、イリノイ州スプリングフィールドで大統領選への出馬を表明した。

2004年民主党大会基調演説「大いなる希望」
KEYNOTE ADDRESS AT THE 2004 DNC: The Audacity of Hope

2004年の前回大統領選のとき、オバマはまだ連邦議会議員（国会議員）ですらなく、州議会（地方議会）の一新人議員にすぎなかった。その彼が一躍、全米の注目を集めるきっかけとなったのが、民主党大会での基調演説である。
聴衆の中には、感動のあまり、「おお神よ、これは歴史に残る演説です」とつぶやいて涙を流す人があったともいわれている。
いまや伝説と化したその名演説の全文を、ここにお届けする。

実施日：2004年7月27日（現地時間）　場所：マサチューセッツ州ボストン「フリートセンター」
本書収録：全文を収録　CD収録時間：15分33秒
写真：ロイター／アフロ

Keynote Address at the 2004 DNC: The Audacity of Hope

■格別に名誉ある夜

Thank you. Thank you so much. Thank you so much. Thank you. Thank you. Thank you, Dick Durbin. You make us all proud.

On behalf of the great state of Illinois, crossroads of a nation, Land of Lincoln, let me express my deepest gratitude for the privilege of addressing this convention. Tonight is a particular honor for me because, let's face it, my presence on this stage is pretty unlikely.

My father was a foreign student, born and raised in a small village in Kenya. He grew up herding goats, went to school in a tin-roof shack. His father—my grandfather—was a cook, a domestic servant to the British. But my grandfather had larger dreams for his son. Through hard work and perseverance my father got a scholarship to study in a magical place, America, that shone as a beacon of freedom and opportunity to so many who had come before.

---

keynote address:
基調演説
DNC:
= Democratic National Convention　民主党大会
audacity:
大胆さ、勇猛果敢さ
Dick Dirbin:
ディック・ダービン　▶イリノイ選出の連邦上院議員。

on behalf of:
～を代表して
crossroads:
交差点、中心地
express:
～を言葉で表現する
gratitude:
感謝
privilege:
恩恵、名誉

address:
（団体・集会などに）演説する
convention:
代表者会議、党大会
particular:
格別の、特別の
honor:
名誉
let's face it:
現実を認めよう、率直に話そう

2004年民主党大会基調演説
「大いなる希望」

　ありがとう。どうもありがとう。どうもありがとう。ありがとう。ありがとう。ありがとう、ディック・ダービンさん。あなたはわれわれ全員に誇りを与えてくれています。

　国の中心地でありリンカーンの生地でもある偉大なイリノイ州を代表し、この党大会で演説するという栄誉を得られたことに、心からの深い感謝を述べさせていただきたいと思います。今宵(こよい)は私にとって格別に名誉ある夜です。なぜなら、率直に言って、私がこの壇上にいるというのは、とてもありえないようなことだからです。

　私の父は留学で渡米してきた人間ですが、生まれ育ったのはケニアの小さな村です。ヤギの世話をしながら成長し、トタン屋根の掘っ立て小屋に住んで学校に通ったのです。彼の父親──つまり私の祖父──は料理人で、(ケニアを植民地としていた)イギリス人たちの召使いでした。しかし、祖父は自分の息子に、もっと大きな夢を託しました。勤勉と忍耐によって父は奨学金を獲得し、学べることになったのです、魔法のような場所・アメリカで。そこは、自由と機会のかがり火として、先に訪れた幾多の人々に光を投げかけていました。

---

presence: 存在
pretty: かなり、非常に
unlikely: ありそうもない、考えられない
foreign student: 外国人学生、留学生
raise: 〜を育てる
herd: (家畜の)番をする、世話をする
tin-roof: トタン屋根の、薄いメッキ金属の屋根の
shack: 丸太小屋、掘っ立て小屋
domestic servant: 召使い
perseverance: 忍耐、根気
scholarship: 奨学金
magical: 魔法のような、とても魅惑的な
shine: 輝く
beacon: かがり火、灯台

Keynote Address at the 2004 DNC: The Audacity of Hope

■ ふたつの大陸から生まれた夢

　While studying here, my father met my mother. She was born in a town on the other side of the world, in Kansas. Her father worked on oil rigs and farms through most of the Depression. The day after Pearl Harbor my grandfather signed up for duty, joined Patton's army, marched across Europe. Back home, my grandmother raised a baby and went to work on a bomber assembly line. After the war, they studied on the GI Bill, bought a house through FHA, and later moved west all the way to Hawaii in search of opportunity. And they, too, had big dreams for their daughter.

　A common dream, born of two continents, my parents shared not only an improbable love, they shared an abiding faith in the possibilities of this nation. They would give me an African name, Barack, or "blessed," believing that in a tolerant America your name is no barrier to success. They imagined…they imagined me going to the best schools in the land, even though they weren't rich, because in a generous America you don't have to be rich to achieve your potential.

---

oil rig:
油井（ゆせい）掘削装置
farm:
農場
the Depression:
世界大恐慌　▶1929年から1933年。
Pearl Harbor:
真珠湾　▶米国ハワイ州オアフ島南部にあり、1941年12月7日に日本軍が奇襲攻撃を行った。

sign up:
（組織・団体などに署名して）加わる
duty:
兵役
join:
〜に参加する
Patton:
パットン　▶第二次世界大戦の戦車戦で活躍した米国の将軍。

march:
行進する
bomber:
爆撃機
assembly line:
生産ライン
the GI Bill:
復員兵援護法　▶復員兵に失業給付と、住宅・教育資金の貸付を行う法律。1944年に制定。

2004年民主党大会基調演説
「大いなる希望」

　この国に留学中に、私の父は私の母に出会ったのです。母が生まれたのは、(ケニアからは)世界の裏側にあたるカンザス州の町です。母の父親は、油田での掘削作業や農作業に従事して、大恐慌時代の大半をやり過ごしました。真珠湾攻撃の翌日、母方の祖父は軍隊に志願し、パットン軍団の一員としてヨーロッパ戦線を突き進みました。一方の本国では、祖母が赤ちゃんの世話をしつつ、爆撃機工場へ働きに出ていました。戦後、彼らは復員兵援護法のおかげで学校に通い、連邦住宅局を通して家を買いましたが、その後、はるか西方のハワイへ機会を求めて移り住みました。そして彼らもまた、自分たちの娘に、大きな夢を託しました。

　ひとつの共通の夢が、ふたつの大陸から生まれたとき、私の両親は奇跡的な愛を分かち合うだけでなく、この国の限りない可能性を信じる心でも結ばれていました。彼らはあえてバラクというアフリカ系の名前を私に授けたのですが、それは「祝福された」という意味で、寛容なアメリカではその名が成功の妨げになることはないと彼らは信じていたのです。彼らは想像しました……自分たちは裕福でなかったにもかかわらず、私がこの国で最高の学校に行くことを想像しました。なぜなら、寛大なアメリカでは、能力を発揮するのに裕福である必要はないからです。

FHA:
= Federal Housing Administration
連邦住宅局　▶住宅ローンの債務保証をする米国政府機関。
all the way to:
はるばる〜まで
in search of:
〜を求めて、探して
continent:
大陸
share:
〜を分かち合う、共有する
improbable:
ありそうにない
abiding:
不変の、永遠の
faith:
信頼、信念、信仰
bless:
〜を祝福する
tolerant:
寛容な
barrier:
障害物、妨げ
generous:
気前のよい、寛大な
achieve:
〜を達成する、実現する
potential:
可能性、潜在能力

Keynote Address at the 2004 DNC: The Audacity of Hope

■アメリカ独立宣言の下に

They're both passed away now. And yet, I know that on this night they do...look down on me with great pride. They stand here...And I stand here today, grateful for the diversity of my heritage, aware that my parents' dreams live on in my two precious daughters. I stand here knowing that my story is part of the larger American story, that I owe a debt to all of those who came before me, and that, in no other country on earth, is my story even possible.

Tonight, we gather to affirm the greatness of our Nation, not because of the height of our skyscrapers, or the power of our military, or the size of our economy. Our pride is based on a very simple premise, summed up in a declaration made over two hundred years ago: "We hold these truths to be self-evident, that all men are created equal, that they are endowed by their Creator with certain inalienable rights, that among these are life, liberty and the pursuit of happiness."

pass away: 亡くなる、他界する	**(be) aware that:** 〜であると気づいている	**affirm:** 〜の正しさを確認する、〜を肯定する
look down on: 〜を見下ろす	**live on:** 生き続ける、生き延びる	**greatness:** 偉大さ、卓越性
(be) grateful for: 〜をありがたく思う、感謝する	**precious:** 大切な、大事な	**height:** 高さ
diversity: 多様性	**owe a debt to:** 〜に恩義を感じている、負い目がある	**skyscraper:** 超高層ビル
heritage: 受け継いだもの、伝統		

2004年民主党大会基調演説 「大いなる希望」

　今ではふたりとも他界しています。けれども、きっと今夜、彼らは……大きな誇りを持って私を見守ってくれていると思います。彼らがここにいて……そして今日、私はここに立ち、自分の受け継いだものの多様性に感謝するとともに、私の両親の夢が私の大切なふたりの娘たちの中に生き続けていることに気づいています。私はここに立ち、知っているのです、自分の物語はより大きなアメリカの物語の一部であり、すべての先人たちの恩恵を自分は受けているのだと、そして地球上のほかの国では私の物語などありえないのだと。

　今夜、われわれは、わが国の偉大さを確認するために集まっていますが、偉大さの理由は超高層ビルの高さでも、軍の強さでも、経済の規模でもありません。われわれの誇りは非常に単純な前提に基づいており、それは200年以上も前に書かれた（アメリカ独立）宣言にこう端的に示されているのです。「われわれにとって以下のことは自明の真理である。すなわち、すべての人間は平等に造られており、侵されることのない一定の権利を生まれながらにして創造主から与えられている。そこには生命、自由、幸福の追求が含まれている」と。

---

economy:
経済
premise:
前提、仮定
sum up:
〜を要約する
declaration:
宣言

self-evident:
〈物・事が〉自明の、わかりきった
equal:
平等な
endow A with B:
AにBを授ける、生まれながらに与える
(the) Creator:
創造主、造物主、神

inalienable:
譲渡不可能な、奪うことのできない
liberty:
自由
pursuit:
追求

Keynote Address at the 2004 DNC: The Audacity of Hope

■素朴な夢を信じ、小さな奇跡を強く願おう

That is the true genius of America, a faith...a faith in simple dreams, an insistence on small miracles; that we can tuck in our children at night and know that they are fed and clothed and safe from harm; that we can say what we think, write what we think, without hearing a sudden knock on the door; that we can have an idea and start our own business without paying a bribe; that we can participate in the political process without fear of retribution, and that our votes will be counted—at least most of the time.

This year, in this election we are called to reaffirm our values and our commitments, to hold them against a hard reality and see how we're measuring up to the legacy of our forbearers and the promise of future generations.

genius: （時代・国民などの）精神、特質 **insistence:** 強く求めること、執拗な要求 **tuck in:** 〜を夜具でくるむ、寝かしつける	**feed:** 〜に食物を与える **clothe:** 〜に服を着せる **bribe:** 賄賂（わいろ） **process:** 過程	**retribution:** 仕返し、報復 **vote:** 投票 **count:** 〜を数える、勘定に入れる **election:** 選挙

2004年民主党大会基調演説
「大いなる希望」

　それがアメリカの真髄であり、つまりは信頼……素朴な夢を信じ、小さな奇跡を強く願うことなのです。それは、夜に子どもたちを寝かしつけながら、彼らが衣食を得、危害からの安全も得ているのだと実感できることであり、思うとおりのことを言ったり書いたりしても、突然ドアにノックの音を聞いたりせずにすむということです。それは、アイデアがわいて起業をしても賄賂(わいろ)を払わずにすむということであり、政治活動に参加しても報復を恐れずにすむということであり、自分の投じた票が数えられるということなのです――少なくとも、ほとんどの場合には。

　今年、この選挙でわれわれに求められているのは、われわれの価値観や公約の正しさを再確認し、厳しい現実に負けずにそれらを保持することであり、これまで保持してきた人たちの遺産にわれわれがいかにかなうか、今後の世代への約束にわれわれがいかにかなうかを知ることなのです。

---

call...to do:
…に〜するよう求める
reaffirm:
〜の正しさを再確認する、〜を再肯定する
value:
価値

commitment:
誓約、公約
reality:
現実
measure up to:
(基準などに)かなう、達する
legacy:
遺産

forbearer:
耐える人、我慢する人
promise:
約束、誓い
generation:
世代

Keynote Address at the 2004 DNC: The Audacity of Hope

■われわれにはもっとなすべきことがある

And fellow Americans, Democrats, Republicans, Independents, I say to you tonight: We have more work to do—more work to do for the workers I met in Galesburg, Illinois, who are losing their union jobs at the Maytag plant that's moving to Mexico and now are having to compete with their own children for jobs that pay seven bucks an hour; more to do for the father that I met who was losing his job and choking back the tears, wondering how he would pay 4500 dollars a month for the drugs his son needs without the health benefits that he counted on; more to do for the young woman in East St. Louis, and thousands more like her, who has the grades, has the drive, has the will, but doesn't have the money to go to college.

---

fellow:
仲間、同じ立場の人
Democrat:
民主党員
Republican:
共和党員

Independent:
無党派の人
union:
合体、接合
Maytag:
メイタグ社　▶米国の家電メーカー。

plant:
工場、設備
compete with:
〜と競う、争う
buck:
《米略式・豪略式》ドル

2004年民主党大会基調演説
「大いなる希望」

　そして同胞たるアメリカ国民の皆さん、民主党員の皆さん、共和党員の皆さん、無党派の皆さん、私は今夜、あなたがたにこのことを伝えます。われわれにはもっとなすべきことがあるはずです——イリノイ州ゲールズバーグで私が会った労働者たちのためにもっとなすべきことがあるはずなのです。メイタグ社の工場がメキシコに移転するせいで彼らは組み立ての仕事を失い、いまや自分の子供たちと時給7ドルの仕事を奪い合わなければならなくなろうとしているのですから。私が会った父親のためにもっとなすべきことがあるはずなのです、彼は失業し、涙をこらえながらも、息子に必要な薬の月々の代金4500ドルを、頼りにしていた健康保険なしに、どうやって払おうかと思い悩んでいるのですから。東セントルイスの若い女性のために、そして彼女と同じ境遇にある数千の人たちのために、もっとなすべきことがあるはずなのです、彼女は成績もよく意欲も意志もあるのに、大学に行くお金がないというのですから。

---

choke back the tears:
涙をこらえる
wonder:
〜についてあれこれ悩む
drug:
薬

health benefits:
健康保険
grade:
成績、評価

drive:
動因、やる気
will:
意志

Keynote Address at the 2004 DNC: The Audacity of Hope

■人々はきちんと認識している

　Now, don't get me wrong. The people I meet—in small towns and big cities, in diners and office parks—they don't expect government to solve all their problems. They know they have to work hard to get ahead, and they want to. Go into the collar counties around Chicago, and people will tell you they don't want their tax money wasted by a welfare agency or by the Pentagon. Go in...go into any inner-city neighborhood and folks will tell you that government alone can't teach our kids to learn. They know that parents have to teach, that children can't achieve unless we raise their expectations and turn off the television sets and eradicate the slander that says a black youth with a book is acting white. They know those things.

　People don't expect...people don't expect government to solve all their problems. But they sense, deep in their bones, that with just a slight change in priorities, we can make sure that every child in America has a decent shot at life and that the doors of opportunity remain open to all. They know we can do better, and they want that choice.

diner: 小食堂、簡易食堂 **office park:** オフィスパーク　▶オフィスビル、公園、レストランなどを含む複合体。 **solve:** 〜を解決する **get ahead:** （商売などで）成功する	**collar counties:** ▶シカゴ地区のクック郡郊外と、その周辺の５つの郡を指す。 **tax:** 税金 **waste:** 〜を浪費する、無駄にする **welfare:** 社会福祉	**agency:** （行政上の）機関、庁、局 **the Pentagon:** 国防総省、ペンタゴン **inner-city:** 大都市の貧困地区の、スラム街の **neighborhood:** （ある特性を備えた）地域、区域 **folk:** 地域住民

2004年民主党大会基調演説
「大いなる希望」

　さて、誤解しないでください。私がお会いする人たちは——小さな街でも大きな都市でも、食堂でもオフィスパークでも——彼らは、自分たちの問題をすべて政府が解決してくれると考えているわけではありません。彼らは、前進するには自分たちの努力が必要だと知っているし、そうしたいのです。シカゴ周辺の郡に行ってみてください、人々はこう言います、自分たちの税金を福祉局や国防総省に無駄に使ってほしくないと。行って……どこか貧困地区に行ってみてください、住民はこう言います、政府だけで子どもたちに勉強をしつけることなどできないと。彼らには、親がしつけるべきだということがわかっているし、子どもたちが実力を発揮できるのは、われわれが子どもたちに望みを高く持たせ、テレビを消し、本を読む黒人は白人のまねをしているのだという悪口をなくしてあげたときだけだということもわかっています。彼らにはそうしたことがわかっているのです。

　人々は期待していません……自分たちの問題をすべて政府が解決してくれると期待しているわけではないのです。しかし、彼らは優れた直感で悟っています、優先順位を少し変えるだけでアメリカのすべての子どもに人生へのちゃんとした見通しを持たせることが間違いなくできると、そして機会の扉を全員に開けたままにしておくことが間違いなくできると。彼らはわれわれがもっとうまくやれると知っていて、その選択肢を欲しがっているのです。

unless: 〜でない限り、〜の場合を除いて	**slander:** 中傷、悪口	**priority:** 優先、優先事項
raise: 〜を上げる、引き上げる	**youth:** 若者	**make sure that:** 確実に〜であるようにする
expectation: 可能性、将来の見込み	**sense in one's bones that:** 〜であると直感的に悟る、肌で感じる	**decent:** 適正な、きちんとした
turn off: （テレビなどを）消す	**slight:** わずかな、少しの	**shot:** 見込み、勝ち目
eradicate: 〜を根絶する、撲滅する		**remain:** 〜の状態のままである

Keynote Address at the 2004 DNC: The Audacity of Hope

■ケリーはこの国の最良の部分を体現している

　In this election, we offer that choice. Our Party has chosen a man to lead us who embodies the best this country has to offer. And that man is John Kerry. John Kerry understands the ideals of community, faith and service because they've defined his life. From his heroic service to Vietnam, to his years as a prosecutor and lieutenant governor, through two decades in the United States Senate, he's devoted himself to this country. Again and again, we've seen him make tough choices when easier ones were available. His values and his record affirm what is best in us.

offer:
〜を提供する、提案する
party:
政党
choose:
〜を選ぶ、選択する

lead:
〜を率いる、指導する
embody:
〜を体現する、具現する
John Kerry:
ジョン・ケリー　▶2004年大統領選の民主党候補。

ideals:
理想、究極的な目標
define:
〜を定義する、〜の形を定める
heroic:
英雄的な、勇敢な

2004年民主党大会基調演説
「大いなる希望」

　今回の選挙で、われわれはその選択肢を提供します。われわれの党が指導者として選んだ人物は、この国が提供すべき最良のものを体現しています。そして、その人物がジョン・ケリーなのです。ジョン・ケリーは理想的な社会や信念、奉仕というものを理解しています、なぜならそれらが彼の人生を形づくってきたからです。ベトナムでの英雄的な活躍から、検察官・副知事としての年月や、連邦上院での20年間に至るまで、彼はこの国に身をささげてきました。何度も何度もわれわれは目にしています、もっと安易な選択肢があるときにも難しい選択肢を彼が選び取る姿を。彼の価値観と実績は、われわれの最良の部分とは何かをはっきりと教えてくれます。

service: 兵役、軍務	**decade:** 10年間	**again and again:** 何度も何度も
prosecutor: 検察官、検事	**the United States Senate:** 合衆国上院、連邦上院	**tough:** 難しい、骨の折れる
lieutenant governor: 州副知事	**devote oneself to:** 〜に一身をささげる、専念する	**available:** 入手可能な、手に入れられる

Keynote Address at the 2004 DNC: The Audacity of Hope

■ジョン・ケリーの信じるもの

John Kerry believes in an America where hard work is rewarded; so instead of offering tax breaks to companies shipping jobs overseas, he offers them to companies creating jobs here at home. John Kerry believes in an America where all Americans can afford the same health coverage our politicians in Washington have for themselves. John Kerry believes in energy independence, so we aren't held hostage to the profits of oil companies or the sabotage of foreign oil fields. John Kerry believes in the Constitutional freedoms that have made our country the envy of the world, and he will never sacrifice our basic liberties nor use faith as a wedge to divide us. And John Kerry believes that in a dangerous world, war must be an option sometimes, but it should never be the first option.

---

reward:
〜に報いる、報酬を与える
instead of:
〜ではなく、〜の代わりに
tax break:
税制優遇措置、減税措置
ship:
〜を輸送する、出荷する

overseas:
海外へ
create:
〜を創出する、生み出す
at home:
本国で
can afford:
〜を持つ余裕がある

coverage:
(保険などの)保障範囲、適用範囲
politician:
政治家
independence:
自立、自活
hold...hostage:
…を人質にする

2004年民主党大会基調演説
「大いなる希望」

　ジョン・ケリーは、勤勉が報われるアメリカを信じています。だからこそ、職を国外に移転する企業への減税策を提案する代わりに、彼は国内に職を生み出す企業への減税策を提案しているのです。ジョン・ケリーは、ワシントンの政治家たちが自分で加入しているのと同じ医療保険にすべての国民が加入できるアメリカを信じています。ジョン・ケリーは、エネルギーの自給を信じています。ですから、石油会社の利害や外国油田のトラブルによって、われわれが身動きを封じられるようなことはなくなるのです。ジョン・ケリーは、わが国を世界の羨望の的にした合衆国憲法上の自由を信じています。ですから、彼がわれわれの基本的自由を犠牲にしたり、われわれを分裂させる道具として信仰を利用したりすることは絶対にないのです。そしてジョン・ケリーは、危険な世界では戦争という選択肢が時には必要だが、それが第一選択肢であってはいけないと信じています。

---

profit:
利益、利潤
sabotage:
破壊工作、妨害行為
oil field:
油田
the Constitutional:
合衆国憲法の

freedom:
自由
the envy of:
〜の羨望（せんぼう）の的、ねたみの対象
sacrifice:
〜を犠牲にする、投げ捨てる

liberty:
自由、自由の権利
wedge:
くさび、割るための道具
divide:
〜を分断する、分裂させる
option:
選択権、選択肢

Track 16

Keynote Address at the 2004 DNC: The Audacity of Hope

■戦死者と家族のことを考える

　You know, a while back...a while back I met a young man named Shamus in a VFW Hall in East Moline, Illinois. He was a good-looking kid—six-two, six-three, clear-eyed, with an easy smile. He told me he'd joined the Marines and was heading to Iraq the following week. And as I listened to ex...him explain why he'd enlisted—the absolute faith he had in our country and its leaders, his devotion to duty and service—I thought this young man was all that any of us might ever hope for in a child. But then I asked myself, "Are we serving Shamus as well as he's serving us?"

　I thought of the 900 men and women—sons and daughters, husbands and wives, friends and neighbors, who won't be returning to their own hometowns. I thought of the families I've met who were struggling to get by without a loved one's full income or whose loved ones had returned with a limb missing or nerves shattered but still lacked long-term health benefits because they were Reservists.

---

a while back:
しばらく前に
VFW:
= Veterans of Foreign Wars　海外戦争復員兵協会
hall:
集会所、ホール
good-looking:
顔立ちのよい、ハンサムな

kid:
若者
clear-eyed:
目の澄んだ、きれいな目の
easy:
打ちとけやすい、人なつこい
the Marines:
海兵隊
head to:
〜に向かう、〜を目指す

following:
次の、次に来る
explain:
〜を説明する、明らかにする
enlist:
自ら入隊する、志願兵になる
absolute:
絶対的な、無条件の
devotion to:
〜への忠誠心、深い信頼

2004年民主党大会基調演説
「大いなる希望」

　ところで、しばらく前……しばらく前に、私はイリノイ州イーストモリーンにある海外戦争復員兵協会ホールでシェイマスという名の若い男性に会いました。彼はハンサムな若者でした――背は6フィート2インチか3インチ(188〜191センチ)で、澄んだ目と人なつこい笑顔の持ち主です。彼の話では、海兵隊に入隊しており、翌週にはイラクへ向かう予定だということでした。そして、彼が入隊した理由――この国とその指導者に対して彼が抱いている絶対的な信頼と、軍務や兵役に対する忠誠心――を説明するのを聞くうちに、私は、われわれの誰もが一度は子どもに望むであろう資質のすべてをこの青年が備えていると思いました。しかし、そこで私は自問したのです、「シェイマスがわれわれに尽くしているほどに、われわれは彼に尽くしているだろうか」と。

　私が思いをめぐらせたのは、900名の男女のことです――われわれの息子や娘、夫や妻、友人や隣人であるその人たちは、もはや故郷に戻ってくることがないのです。私が思いをめぐらせたのは、お会いしたご家族たちのことです。最愛の人の収入全部を失いながらもなんとか生計を立てようと奮闘しているご家族もいれば、最愛の人が手足をなくしたり精神に異常をきたしたりして帰還してきたというのに、彼らが予備兵であるために長期の医療保険給付を受けられないご家族もいました。

---

duty:
義務、(義務としての) 軍務
neighbor:
隣人、近所の人
struggle to do:
〜しようともがく、奮闘する
get by:
どうにか生き抜く、なんとか暮らす

loved one:
最愛の人
income:
収入
limb:
(頭・胴と区別した) 肢、手足
nerves:
神経、精神力

shatter:
〜を損なう、めちゃめちゃにする
lack:
〜を欠いている、持っていない
Reservist:
予備兵、在郷軍人

Keynote Address at the 2004 DNC: The Audacity of Hope

■若者を戦地に送る者の義務

When we send our young men and women into harm's way, we have a solemn obligation not to fudge the numbers or shade the truth about why they're going, to care for their families while they're gone, to tend to the soldiers upon their return, and to never ever go to war without enough troops to win the war, secure the peace, and earn the respect of the world.

Now...Now let me be clear. Let me be clear. We have real enemies in the world. These enemies must be found. They must be pursued. And they must be defeated. John Kerry knows this. And just as Lieutenant Kerry did not hesitate to risk his life to protect the men who served with him in Vietnam, President Kerry will not hesitate one moment to use our military might to keep America safe and secure.

---

into harm's way: 危険な所へ、危ない状況に	**shade:** 〜を見えなくする、隠す	**troops:** 軍隊、軍勢
solemn: 厳粛な、重大な	**care for:** 〜の世話をする、面倒を見る	**secure:** ①〜を守る、確保する　②安全な、危険のない
obligation: 義務、責務	**tend to:** 〜に気を配る、〜の世話をする	**earn:** 〜を獲得する、得る
fudge: 〜をごまかす、でっち上げる	**go to war:** 戦争を始める	

2004年民主党大会基調演説
「大いなる希望」

　われわれが若者たちを危険な地域に送り込むときには、われわれの負う重い義務として、死者の数をごまかしたり戦争に行く本当の理由を隠したりしてはなりませんし、彼らが留守の間にはご家族の世話をし、兵士の帰還時にはその面倒を見なければならないのです。そして、戦争に勝利して安定した平和を築き、世界の尊敬を集めるのに十分な兵力でない限り、決して戦争を始めてはならないのです。

　ここで……ここではっきりさせておきましょう。はっきりさせておきましょう。世界にはわれわれの敵が現に存在するのです。そうした敵は見つけ出す必要があります。追い詰めなければなりません。そして倒さなければなりません。ジョン・ケリーはこのことを理解しています。ケリー大尉がためらうことなく命の危険を冒してベトナムの部隊仲間を守ったように、ケリー大統領は一瞬もためらうことなくわが国の軍事力を用いてアメリカの安全と平和を守るでしょう。

---

respect:
尊敬、敬意
enemy:
敵
pursue:
〜を追う、追跡する

defeat:
〜を打ち破る、負かす
lieutenant:
《米海軍》大尉
hesitate to do:
〜するのをためらう、躊躇（ちゅうちょ）する

risk:
〜を危険にさらす、〜の危険を冒す
protect:
〜を保護する、守る
might:
力

Keynote Address at the 2004 DNC: The Audacity of Hope

■イー・プルーリバス・ユーナム:「多数からひとつへ」

John Kerry believes in America. And he knows that it's not enough for just some of us to prosper, for alongside our famous individualism, there's another ingredient in the American saga, a belief that we're all connected as one people.

If there is a child on the south side of Chicago who can't read, that matters to me, even if it's not my child. If there is a senior citizen somewhere who can't pay for their prescription drugs and having to choose between medicine and the rent, that makes my life poorer, even if it's not my grandparent. If there is an Arab American family being rounded up without benefit of an attorney or due process, that threatens my civil liberties.

It is that fundamental belief...it is that fundamental belief—I am my brother's keeper, I am my sister's keeper—that makes this country work. It's what allows us to pursue our individual dreams and yet still come together as one American family. *E pluribus unum*: "Out of many, one."

---

prosper:
繁栄する、栄える
alongside:
〜と一緒に、並んで
individualism:
個人主義
ingredient:
要素、成分
saga:
長編冒険物語、英雄伝説

connect:
〜を結びつける、つなぐ
belief:
確信、信念
matter to:
〜にとって重要である、重大な関係がある
senior citizen:
高齢者、お年寄り

prescription drug:
処方薬、処方せん薬
medicine:
医薬品
rent:
家賃、部屋代
round up:
〜を一斉検挙する、一網打尽に捕らえる

2004年民主党大会基調演説
「大いなる希望」

　ジョン・ケリーはアメリカを信じています。そして彼はわれわれの一部だけが繁栄するのでは不十分だと知っています。なぜなら、よく知られた個人主義に加えて、アメリカの長大な歴史物語の中にはもうひとつの要素、すなわち、われわれは皆、ひとつの国民として結ばれているという信念があるからです。

　シカゴ南部に文字の読めない子どもがいたとしたら、それは私にとって重大な問題なのです、たとえそれが私の子どもでなくても。どこかに処方薬の代金を払えないお年寄りがいて、薬代を払うか家賃を払うかの選択をしなければならない状況にあるとしたら、それは私の人生を貧しくします、たとえそれが私の祖父や祖母でなくても。アラブ系アメリカ人の家族がいて、弁護士や法の適正手続きに守られることなしに検挙されているとしたら、それは私の市民的自由を脅かすものなのです。

　それは基本的な信念……それは基本的な信念──私は弟の保護者であり、妹の保護者であるという思い──であり、それがこの国を機能させているのです。それこそが可能にしているものなのです、われわれが個々人の夢を追求しながらもなお、ひとつのアメリカの家族として団結するということを。イー・プルーリバス・ユーナム、すなわち「多数からひとつへ」です。

---

without benefit of:
〜の恩恵を受けずに
attorney:
《米》弁護士
due process:
（憲法で保障された）法の適正手続き
threaten:
〜を脅かす、〜の脅威となる

civil liberties:
市民的自由　▶思想・言論などの自由を指す。
fundamental:
基礎的な、根本的な
keeper:
保護者、番人
allow...to do:
…に〜することを許す

come together:
まとまる、ひとつになる
e pluribus unum:
《ラテン語》多数からひとつへ
▶米国の成り立ちを象徴する言葉であり、国のモットーとして国璽（こくじ）や紙幣などにも印されている。

Keynote Address at the 2004 DNC: The Audacity of Hope

■ リベラルなアメリカも保守的なアメリカも存在しない

　Now, even as we speak, there are those who are preparing to divide us—the spin masters, the negative ad peddlers who embrace the politics of "anything goes." Well, I say to them tonight, there is not a liberal America and a conservative America—there is the United States of America. There is not a Black America and a White America and Latino America and Asian America—there's the United States of America.

　The pundits…the pundits like to slice-and-dice our country into Red States and Blue States; Red States for Republicans, Blue States for Democrats. But I've got news for them, too. We worship an "awesome God" in the Blue States, and we don't like federal agents poking around in our libraries in the Red States. We coach Little League in the Blue States, and, yes, we've got some gay friends in the Red States. There are patriots who opposed the war in Iraq, and there are patriots who supported the war in Iraq. We are one people, all of us pledging allegiance to the Stars and Stripes, all of us defending the United States of America.

---

prepare to do: 〜するための準備をする、用意をする	**peddler:** （うわさなどを）広める人、あちこちにばらまく人	**conservative:** 保守主義の、保守的な
spin master: 情報操作のプロ、（政治家の）メディア対策アドバイザー	**embrace:** 〜を喜んで受け入れる、進んで選び取る	**Latino:** ラテンアメリカ系の、ラテン系民族の
negative ad: 中傷広告、競合相手の悪い面を訴える広告	**anything goes:** 何でも許される、何でもありだ	**pundit:** （メディアで発言するような）識者、評論家
	liberal: 自由主義の、進歩的な	**slice-and-dice:** 〜を切り刻む、細かく切り分ける

2004年民主党大会基調演説
「大いなる希望」

　さて、われわれがこういう話をしている最中にも、われわれを分断させようと準備を進めている人たちがいます——情報操作や中傷広告のプロたちですが、彼らは「何でもあり」の政治を進んで実践しているのです。そこで、私は今夜、彼らにこう言います、リベラルなアメリカも保守的なアメリカもありはしない——あるのはアメリカ合衆国なのだと。黒人のアメリカも白人のアメリカもラテン系のアメリカもアジア系のアメリカもありはしない——あるのはアメリカ合衆国なのだと。

　評論家……評論家たちは、わが国を赤い州と青い州とに切り分けたがります。赤い州は共和党、青い州は民主党、というわけです。しかし、私には彼らに伝えたいニュースもあります。われわれは青い州においても「至高の神」を崇拝しているし、赤い州においても連邦捜査官が図書館であれこれかぎまわることを好まないのです。われわれは青い州においてもリトルリーグを指導しますし、そう、赤い州においてもゲイの友人を持っていたりするのです。イラクにおける戦争に反対した愛国者もいれば、それに賛成した愛国者もいます。われわれはひとつの国民であり、われわれ皆が星条旗に忠誠を誓い、われわれ皆がアメリカ合衆国を守っているのです。

---

worship:
〜を崇拝する
awesome:
畏敬すべき、至高の
federal agent:
連邦捜査官、連邦機関の役人
poke around:
〜をかぎまわる、調べてまわる
coach:
〜を指導する、コーチする

Little League:
少年野球リーグ、リトルリーグ
gay:
同性愛者の、ゲイの
patriot:
愛国者、憂国の士
oppose:
〜に反対する
support:
〜を支持する、〜に賛同する

pledge:
〜を誓う、誓約する
allegiance:
忠義、忠誠
the Stars and Stripes:
星条旗、米国国旗
defend:
〜を守る、防衛する

Keynote Address at the 2004 DNC: The Audacity of Hope

■希望の政治に参加しよう

　In the end...in the end...in the end, that's what this election is about. Do we participate in a politics of cynicism, or do we participate in a politics of hope? John Kerry calls on us to hope. John Edwards calls on us to hope.

　I'm not talking about blind optimism here—the almost willful ignorance that thinks unemployment will go away if we just don't think about it, or the healthcare crisis will solve itself if we just ignore it. That's not what I'm talking about. I'm talking about something more substantial. It's the hope of slaves sitting around a fire singing freedom songs, the hope of immigrants setting out for dis...distant shores, the hope of a young naval lieutenant bravely patrolling the Mekong Delta, the hope of a millworker's son who dares to defy the odds, the hope of a skinny kid with a funny name who believes that America has a place for him, too. Hope...hope in the face of difficulty. Hope in the face of uncertainty. The audacity of hope!

---

participate in:
〜に参加する、関与する
cynicism:
冷笑主義、皮肉な考え方
call on...to do:
…に〜するよう呼びかける、訴える
John Edwards:
ジョン・エドワーズ　▶2004年大統領選の民主党副大統領候補。

blind:
やみくもな、盲目的な
optimism:
楽観主義、楽天主義
willfull:
故意の、意図的な
ignorance:
知らないこと、無知
unemployment:
失業

go away:
〈問題などが〉なくなる、解決する
healthcare:
医療、健康管理
ignore:
〜を無視する、見ないふりをする
substantial:
実質的な、内容の伴った
immigrant:
(外国からの)移民、移住者

2004年民主党大会基調演説
「大いなる希望」

　最後に……最後に……最後にお話ししたいこと、それは今回の選挙の主題は何かということです。われわれは冷笑主義の政治に参加するのか、それとも希望の政治に参加するのか。ジョン・ケリーはわれわれに希望を持つよう呼びかけています。ジョン・エドワーズもそう呼びかけています。

　私がここでお話ししているのは、やみくもな楽観主義のことではありません──ほとんど意図的な無知、すなわち、失業はわれわれがそのことを考えさえしなければ解消されるとか、医療危機はわれわれがそれを見ないふりさえすれば自然と解決する、などと考えるものではありません。そんなことをお話ししているのではないのです。私がお話ししているのは、もっと実質のあることです。それは、火の周りに座って自由の歌を歌う奴隷たちの希望であり、とお……遠い国へと旅立つ移民たちの希望であり、メコンデルタを勇敢に巡視する若き海軍大尉（＝ケリー）の希望であり、強い意志で不平等に屈しまいとする工場労働者の息子（＝エドワーズ）の希望であり、アメリカには自分の居場所があると信じた、変な名前のやせっぽちの子ども（＝オバマ）の希望でもあるのです。希望……困難をものともしない希望。不確かであることをものともしない希望。それは大いなる希望です！

---

set out:
（旅などに）出発する、出かける
distant:
遠距離の
shore:
海岸、陸地
naval:
海軍の
bravely:
勇敢に、勇ましく

patrol:
〜を巡回する、巡視する
Mekong Delta:
メコンデルタ　▶メコン川流域のデルタ地帯で、ベトナム戦争時には激戦地となった。
millworker:
工員、工場労働者
dare to do:
あえて〜する、思い切って〜する

defy:
〜に逆らう、挑みかかる
odds:
優劣の差、不平等
skinny:
骨と皮ばかりの、やせこけた
in the face of:
〜をものともせずに
uncertainty:
不確実性、不確かさ

Keynote Address at the 2004 DNC: The Audacity of Hope

■歴史の岐路で正しい選択を

In the end, that is God's greatest gift to us, the bedrock of this nation—a belief in things not seen, a belief that there are better days ahead. I believe that we can give our middle class relief and provide working families with a road to opportunity. I believe we can provide jobs to the jobless, homes to the homeless and reclaim young people in cities across America from violence and despair. I believe that we have a righteous wind at our backs and that as we stand on the crossroads of history, we can make the right choices and meet the challenges that face us.

bedrock: 基盤、根幹 **ahead:** 前途に、これから先に **middle class:** 中流階級、中産階級	**relief:** （悩みなどからの）救済、安心 **provide A with B:** AにBを提供する、供給する **working family:** 勤労者世帯	**the jobless:** 職のない人たち、失業者 **the homeless:** 家のない人たち、ホームレス **reclaim A from B:** A（人）をB（悪いこと）から更生させる、立ち直らせる

2004年民主党大会基調演説
「大いなる希望」

　最後に述べたいこと、それは神からの最高の贈り物である、この国の基盤のことです――すなわち、目に見えないものに対する信頼、前途にはよりよい日々が待っているという信念のことです。私は信じています、われわれはこの国の中流階級に安心を与え、勤労者世帯に機会につながる道を提供することができると。私は信じています、われわれは失業者には職を、ホームレスには宿を提供することができるし、アメリカ中の都市の若者を暴力と絶望から救うことができると。私は信じています、われわれは正義の追い風を受けているのだと、そしてわれわれは歴史の岐路に立つ中で正しい選択をし、立ちはだかる困難に対処することができると。

---

violence:
暴力
despair:
絶望

righteous:
正しい、正義の
wind at one's back:
追い風、順風

meet the challenge:
難題に対処する、課題に対応する
face:
〜に直面する、立ち向かう

Keynote Address at the 2004 DNC: The Audacity of Hope

■そして、この国は約束を取り戻す

America, tonight, if you feel the same energy that I do, if you feel the same urgency that I do, if you feel the same passion that I do, if you feel the same hopefulness that I do, if we do what we must do, then I have no doubt that all across the country, from Florida to Oregon, from Washington to Maine, the people will rise up in November, and John Kerry will be sworn in as President, and John Edwards will be sworn in as Vice President, and this country will reclaim its promise, and out of this long political darkness a brighter day will come.

Thank you very much everybody. God bless you. Thank you.

---

urgency:
切迫感、緊急性
passion:
情熱、熱い思い

hopefulness:
希望に満ちていること、有望性
have no doubt that:
〜であることを疑わない、きっと〜であると思う

rise up:
立ち上がる
be sworn in as:
〜に宣誓就任する、宣誓して〜の職務に就く

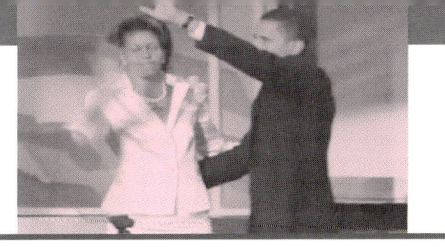

2004年民主党大会基調演説
「大いなる希望」

　アメリカよ、今夜、私が感じているのと同じエネルギーをあなたたちが感じているのであれば、私が感じているのと同じ切迫感をあなたたちが感じているのであれば、私が感じているのと同じ情熱をあなたたちが感じているのであれば、私が感じているのと同じ希望の膨らみをあなたたちが感じているのであれば、われわれがなすべきことをなすのであれば、私は疑いません、フロリダからオレゴン、ワシントンからメーンに至るまで、この国の全土で国民が11月に立ち上がり、ジョン・ケリーが大統領に宣誓就任するとともに、ジョン・エドワーズが副大統領に宣誓就任することになるということを。そして、この国が約束を取り戻し、この長い政治的暗黒をぬけ出した先にはもっと明るい日が訪れるということを。

　皆さんのご清聴に感謝します。皆さんに神の祝福を。ありがとうございました。

（訳　編集部）

| vice:
副の、代理の
reclaim:
〜を再生する、元の状態に戻す | darkness:
暗黒、くらやみ | bright:
明るい、輝いた |

ヒラリーとの激しい指名争いの中で

Neck and Neck in the Primaries

今回の民主党予備選では、初の女性大統領を目指すヒラリー・クリントンと
初の黒人大統領を目指すオバマとの間で、序盤からデッドヒートが繰り広げられた。
しかし、2月にはオバマが次第に優位を固め、4州で一斉に投票が行われる3月4日の
「ミニチューズデー」に完勝すれば、ヒラリーを撤退に追い込めると見られていた。
だが、結果はヒラリーの3勝1敗で、オバマ陣営は改めて長期戦を覚悟しなくては
ならないことになる。そうした状況の中の演説でも、オバマは疲れや落胆を
示すことなく、「われわれにはできる(Yes, we can.)」というメッセージを発し続けた。

実施日：2008年3月4日(現地時間)　場所：テキサス州サンアントニオ「公会堂前広場」
本書収録：抜粋して収録　CD収録時間：4分56秒
写真：ロイター／アフロ

Neck and Neck in the Primaries

■ われわれのリードはゆるがない

Well, we are in the middle of a very close race right now in Texas. We may not even know the final results until morning. We do know that Senator Clinton has won Rhode Island, and while there are a lot of votes to be counted in Ohio, it looks like th...she won there, too. So I want to congratulate Senator Clinton for running a hard-fought race in both Ohio and Rhode Island.

We also know that we've won the state of Vermont, and so we want to say thank you to the people of Vermont. And we know this: No matter what happens tonight, we have nearly the same delegate lead as we did this morning, and we are on our way to winning this nomination.

You know, decades ago as a community organizer I learned that the real work of democracy begins far from the closed doors and marbled halls of Washington. It begins on street corners and front porches, in living rooms and meeting halls with ordinary Americans who see the world as it is and realize that we have within our power to remake the world as it should be.

---

neck and neck:
(競争で) 並んだ、激戦の
primary:
予備選挙
be in the middle of:
〜のただ中にある
close:
〈競争などが〉互角の、接戦の
result:
結果

Senator:
《氏名に冠して》…上院議員
vote:
①票 ②投票する
count:
〜を数える
congratulate:
〜におめでとうと言う
hard-fought:
激戦の、接戦の

no matter what:
たとえ何が〜しようとも
nearly:
ほぼ、ほとんど
delegate:
代議員
be on one's way to:
〜への途中である
nomination:
指名、任命

ヒラリーとの激しい指名争いの中で

　さて、われわれは目下テキサス州で大接戦の真っ最中です。朝にならないと最終的な結果はわからないかもしれません。われわれにわかっているのは、クリントン上院議員がロードアイランド州で勝ったということ、そしてオハイオ州では、まだこれから集計される票が数多くあるとはいえ、どうやら……同州も彼女が制したようだということです。ですから、クリントン上院議員に、オハイオとロードアイランドの両州で激戦を切り抜けたことに祝辞を述べたいと思います。

　同時に、われわれはバーモント州で勝利したことがわかっています。ですから、われわれはバーモント州の皆さんにお礼を申し上げたいと思います。また、われわれには、このこともわかっています。すなわち、今夜たとえ何が起きようとも、われわれは獲得した代議員数で今朝とほぼ同じリードを保っているのであり、この候補者指名争いに勝利しようとしているのです。

　さて、数十年前にコミュニティー・オーガナイザーとして私が学んだのは、民主主義が真に機能し始めるのはワシントンの閉ざされた扉の奥の大理石の議場からは遠く離れた場所だ、ということです。それが始まるのは、街角や玄関先のポーチ、居間や集会場においてであり、現状の世界を眺めながら自分の内にはその世界をあるべき姿につくり変える力があるのだと悟った、普通のアメリカ国民の手によってなのです。

---

decade:
10年間
community organizer:
コミュニティー・オーガナイザー
▶コミュニィーのまとめ役として諸問題に携わる地域活動家を指す。
work:
機能、働き

democracy:
民主主義
far from:
〜から遠くで
marbled:
大理石の、大理石で作られた
hall:
集会所、会館

front porch:
(正面玄関から突き出た屋根のある) ポーチ、入り口
ordinary:
普通の、一般的な
realize that:
〜であることに気づく、〜であるということを悟る
remake:
〜をつくり直す、改修する

Neck and Neck in the Primaries

■われわれの手でアメリカの物語に新たな1章を

It's with that hope that we began this journey, the hope that if we could go block by block, city by city, state by state, and build a movement that spanned race and region, party and gender, if we could give young people a reason to vote and the young at heart a reason to believe again, if we could inspire a nation to come together then we could turn the page on the politics that has shut us out, let us down, and told us to settle. We could write a new chapter in the American story.

We were told this wasn't possible. We were told the climb was too steep. We were told our country was too cynical, that we were just being naive, that we couldn't really change the world as it is. But then a few people in Iowa stood up and said, "Yes, we can." And then a few more of you stood up from the hills of New Hampshire to the coast of South Carolina, and then a few million of you stood up from Savannah to Seattle, from Boise to Baton Rouge, and tonight because of you, because of a movement you built that stretches from Vermont's green mountains to the streets of San Antonio, we can stand up…we can stand up with confidence and clarity to say that we are turning the page and we are ready to write the next great chapter in America's story.

---

block:
区画、街区
movement:
運動、活動
span:
〜にわたる、及ぶ
region:
地域

party:
政党
gender:
性、性別
at heart:
気持ち的に、感情面で
inspire...to do:
…を〜する気にさせる

come together:
まとまる、ひとつになる
turn the page:
①ページをめくる　②状況を変える、前に進める
politics:
政治
shut...out:
…を締め出す

ヒラリーとの
激しい指名争いの中で

　希望を胸に、われわれはこの旅を始めました。その希望とは、われわれが1街区1街区、1都市1都市、1州1州と進んでゆき、人種や地域、党派や性別を超えて広がる運動を起こすことができれば、若者に投票する理由を与え、気持ちの若い人たちに再び信じる理由を与えることができれば、そして国民にひとつにまとまる気を起こさせることができれば、そのときには政治の状況を変えることができる、というものです。その政治に、われわれは締め出され、失望させられ、そのままでいろと言われてきたのですが。われわれには、アメリカの物語に新たな1章を書き加えることができるのです。

　われわれは、そんなことは不可能だと言われました。坂が険しすぎると言われました。この国はあまりに冷笑的で、われわれは愚直すぎ、現状の世界を真に変えることなどできないと言われました。しかしそのとき、アイオワ州の一握りの人々が立ち上がって言ったのです、「大丈夫、われわれにはできる」と。すると、ニューハンプシャー州の丘からサウスカロライナ州の岸にかけてもう少し多くの人々が立ち上がり、さらにサバンナからシアトルにかけて、ボイシからバトンルージュにかけて、数百万という人々が立ち上がりました。そして今夜、皆さんのおかげで、皆さんが始めたのちバーモント州の緑なす山々からサンアントニオの通りにまで広がった運動のおかげで、われわれは立ち上がり……立ち上がり、自信を持ってはっきり言うことができるのです、今われわれはページをめくろうとしているのであり、アメリカの物語に次の偉大なる1章を書き加える準備は整ったのだ、と。

let...down:
…をがっかりさせる、失望させる
settle:
落ち着く、定まる
chapter:
章
climb:
上り坂、傾斜面

steep:
急な、険しい
cynical:
冷笑的な、ひねくれた
naive:
世間知らずの、単純で無知な
million:
100万

stretch from A to B:
AからBに延びる、広がる
confidence:
自信
clarity:
明快さ、明りょうさ
be ready to do:
〜する用意ができている

Neck and Neck in the Primaries

■ われわれにはできる！

　John McCain and Hillary Clinton have echoed each other, dismissing this call for change as eloquent but empty, speeches not solutions. And yet they know, or they should know, that it's a call that did not begin with my words. It began with words that were spoken on the floors of factories in Ohio and across the deep plains of Texas, words that came from classrooms in South Carolina and living rooms in the state of Iowa, from first-time voters and lifelong cynics, from Democrats and Independents and Republicans alike.

　The world is watching what we do here. The world is paying attention to how we conduct ourselves, what we say, how we treat one another. What will they see? What will we tell them? What will we show them? Can we come together across party and region, race and religion to restore prosperity and opportunity as the birthright of every American? Can we lead the community of nations in taking on the common threats of the 21st century—terrorism and climate change, genocide and disease? Can we send a message to all those weary travelers beyond our shores who long to be free from fear and want that the United States of America is and always will be the last best hope on earth? We say, we hope, we believe, yes, we can!

---

echo:
（人の言葉などを）繰り返す
dismiss A as B:
AをBとして退ける、無視する
eloquent:
雄弁な、能弁な
empty:
空の、中身のない
solution:
解決、解決策

deep:
奥行きのある
plain:
平原、平野
first-time:
1回目の、初めての
voter:
有権者
lifelong:
生涯にわたる、一生の

cynic:
世をすねた人、冷笑家
Independent:
無党派の人
alike:
同様に、同等に
pay attention to:
〜に注意を払う
conduct oneself:
ふるまう

ヒラリーとの激しい指名争いの中で

　ジョン・マケイン氏とヒラリー・クリントン氏は互いに同じことを言い、変化を求めるこの呼びかけを一蹴してきました。雄弁ではあるが中身がなく、演説ではあっても解決策ではないというのです。それでも、彼らは知っているし、知っているはずなのです、この呼びかけが私の言葉から始まったものではないことを。始まりは、オハイオ州の工場の作業場やテキサス州の広大な平原のあちこちで口に出された言葉であり、サウスカロライナ州の教室やアイオワ州の居間から、初めて投票する人々や長年にわたる皮肉屋の口から、そして民主党員からも無党派層からも共和党員からも同じように発せられた言葉なのです。

　世界中がここアメリカでのわれわれの動向に注目しています。世界中がわれわれの行動に関心を持っているのです、われわれが何を言うのか、互いにどのように接するのかを。世界は何を見るでしょう？　われわれは世界に何を伝えるのでしょう？　われわれは何を示すのでしょう？　われわれは、党派や地域、人種や宗教を超えてひとつになり、すべてのアメリカ国民が生まれながらに持つ権利としての繁栄と機会を取り戻すことができるのか。国際社会を先導して、21世紀の共通の脅威――テロや気候変動、大量虐殺や病気――に立ち向かうことができるのか。恐怖や貧困から逃れたいと望む海の向こうの疲れ果てた旅行者に対して、アメリカ合衆国こそが現在も、そしてこれから先もずっと、最後にして最良の地上の希望であるというメッセージを送ることができるのか。われわれはこう言います、こう願います、こう信じます。大丈夫、われわれにはできると！

（訳　安野玲）

---

treat: ～を扱う、遇する
restore: ～を回復させる、復活させる
prosperity: 繁栄
birthright: 生まれながらに持っている権利
take on: ～を相手に戦う、立ち向かう
threat: 脅威、脅かすもの
climate change: 気候変動
genocide: 民族大虐殺
disease: 病気、疾病（しっぺい）
weary: 疲れ切った、へとへとの
shore: 岸、海岸
long to do: ～することを切望する
be free from: ～を免れている
fear: 不安、恐怖
want: 貧乏、困窮

指名受諾演説「アメリカの約束」
ACCEPTANCE SPEECH: The American Promise

6月には遂にヒラリーが選挙戦から撤退。
予備選の勝利を確定させたオバマは、
8月の民主党大会で正式に候補者としての指名を受けた。
伝説の基調演説で「大いなる希望」を掲げてから、ちょうど4年。
指名受諾の演壇に立ったオバマは何を語ったのか。
新大統領として彼が目指すものを知るためにも、耳を傾けてみよう。

実施日：2008年8月28日(現地時間)　場所：コロラド州デンバー「マイルハイ・スタジアム」
本書収録：抜粋して収録　CD収録時間：6分53秒
写真：ロイター／アフロ

Acceptance Speech: The American Promise

■わが国は正念場にきている

　We meet at one of those defining moments, a moment when our nation is at war, our economy is in turmoil, and the American promise has been threatened once more. Tonight, more Americans are out of work and more are working harder for less. More of you have lost your homes and even more are watching your home values plummet. More of you have cars you can't afford to drive, credit cards, bills you can't afford to pay, and tuition that's beyond your reach. Now, these challenges are not all of government's making. But the failure to respond is a direct result of a broken politics in Washington and the failed policies of George W. Bush.

　America, we are better than these last eight years. We are a better country than this. This country's more decent than one where a woman in Ohio, on the brink of retirement, finds herself one illness away from disaster after a lifetime of hard work.

---

acceptance speech:
（大統領候補の）指名受諾演説
promise:
約束、誓い
defining moment:
今後を左右する瞬間、正念場
be at war:
戦時中である、戦争状態である
be in turmoil:
混乱状態にある

threaten:
〜を脅かす
be out of work:
失業している
value:
価値、価格
plummet:
〈物価・株価などが〉急落する
can't afford to do:
〜する金銭的余裕がない

bill:
請求書
tuition:
授業料
beyond someone's reach:
〜の手が届かない所に
challenge:
難問、難題
making:
つくり出すもの、製品

指名受諾演説
「アメリカの約束」

　われわれが（民主党大会に）集まっている今は、そうした正念場のひとつです。この瞬間にも、わが国は交戦中なのであり、経済は混乱し、アメリカの約束はまたしても脅かされているのです。今夜もアメリカでは、職のない人が増え、働けど働けど収入は減るばかりという人が増えています。家を失った人が増え、持ち家の資産価値の急落を目の当たりにしている人がそれ以上に増えているのです。車を持っているのに乗るためのお金がなく、クレジットカードや請求書の支払いをするお金がなく、授業料を払えない人が増えています。さて、こうした難題は、すべてが政府によってもたらされたものというわけではありません。しかし、それらに対処できないのは、ワシントンの破たんした政治とジョージ・W・ブッシュ氏の失政がもたらした直接の結果なのです。

　アメリカは、この8年間よりもよくなるはずです。われわれは、現状よりも素晴らしい国になれるはずです。この国は、もっとまっとうになれるはずなのです、オハイオ州の女性が退職を目前にしてふと気づくと、半生をかけて懸命に働いてきたのに病気ひとつでもしたら大変な事態になる状態に陥っている、という国よりは。

failure to do: 〜できないこと	**failed:** 失敗した、役に立たない	**find oneself:** 気がつくと（〜の状態に）いる
respond: 対応する、対処する	**policy:** 政策、方針	**illness:** 病気
result: 結果	**decent:** 適正な、きちんとした	**A away from B:** BからAだけ離れて
broken: 破たんした、駄目になった	**on the brink of:** 〜の寸前で、瀬戸際で	**disaster:** 惨事、大変な不幸
politics: 政治	**retirement:** 退職	**lifetime:** 一生、生涯

Acceptance Speech: The American Promise

■共和党政権は8年で十分だ

We're a better country than one where a man in Indiana has to pack up the equipment that he's worked on for 20 years and watch as it's shipped off to China, and then chokes up as he explains how he felt like a failure when he went home to tell his family the news. We are more compassionate than a government that lets veterans sleep on our streets and families slide into poverty, that sits on its hands while a major American city drowns before our eyes.

Tonight…tonight, I say to the people of America, to Democrats and Republicans and Independents across this great land: Enough. This moment, this election is our chance to keep, in the 21st century, the American promise alive. Because next week, in Minnesota, the same party that brought you two terms of George Bush and Dick Cheney will ask this country for a third. And we are here…we are here because we love this country too much to let the next four years look just like the last eight. On November 4th…on November 4th, we must stand up and say: Eight is enough.

---

pack up: 〜を荷造りする **equipment:** 機器、器具類 **work on:** (機械などを)使って働く、操作して仕事をする	**ship A off to B:** AをBに送る、輸送する **choke up:** 言葉に詰まる、言葉が出ない **explain:** 〜を説明する	**feel like a failure:** 自分が落ちこぼれのような気がする **compassionate:** 心やさしい、思いやりのある **veteran:** 退役軍人、兵役経験者

指名受諾演説
「アメリカの約束」

　われわれは、もっと素晴らしい国になれるはずなのです、インディアナ州の男性が20年間も使い続けてきた機械をこん包し、それが中国に送られるのを見送らなくてはならなかったあげくに、家に帰って家族にそれを伝えるときにはどんなに情けない思いをしたかを説明しようとして、言葉に詰まったりする国よりは。われわれはもっと思いやりがあるはずです、帰還兵を路上に眠らせたり、いくつもの家庭を貧困に陥らせたりする政府や、アメリカの大都市がわれわれの目の前で水没しているのに手をこまねいている政府よりも。

　今夜……今夜、アメリカ国民の皆さんに対し、つまりはこの偉大な国中の民主党員や共和党員や無党派層の皆さんに対し、私はこう申し上げます。もうたくさんです。この瞬間、この選挙こそ、21世紀にアメリカの約束を生かし続けるチャンスなのです。なぜなら来週、（共和党大会が開かれる）ミネソタ州で、ジョージ・ブッシュ氏とディック・チェイニー氏を2期にわたって皆さんに押しつけたのと同じ政党が、この国にその3期目と同然のものを求めるからです。そして、われわれがここにいるのは……われわれがここにいるのは、この国を心から愛し、これからの4年間をこれまでの8年とまさに同じにはしたくないからです。（大統領本選挙のある）11月4日には……11月4日には、われわれは立ち上がって声を上げねばなりません。（共和党政権は）8年で十分だと。

---

slide into:
次第に〜に陥る
poverty:
貧困、貧乏
sit on one's hands:
手をこまねいている
drown:
水没する、水浸しになる

Democrat:
民主党員
Republican:
共和党員
Independent:
無党派の人
enough:
もういい、もうたくさんだ

election:
選挙
keep...alive:
〜を生かし続ける
term:
任期

ACCEPTANCE SPEECH: The American Promise

■変化がもたらすものを明確にしておこう

So let me...let me spell out exactly what that change would mean if I am president. Change means a tax code that doesn't reward the lobbyists who wrote it, but the American workers and small businesses who deserve it. You know, unlike John McCain, I will stop giving tax breaks to companies that ship jobs overseas, and I will start giving them to companies that create good jobs right here in America. I'll eliminate capital gains taxes for the small businesses and start-ups that will create the high-wage, high-tech jobs of tomorrow.

I will...listen now...I will cut taxes...cut taxes for 95 percent of all working families, because, in an economy like this, the last thing we should do is raise taxes on the middle class.

And for the sake of our economy, our security and the future of our planet, I will set a clear goal as president: In 10 years, we will finally end our dependence on oil from the Middle East.

---

spell out:
〜を詳しく説明する
exactly:
正確に
mean:
〜という結果を生ずる、〜を必然的に含む
tax code:
税法
reward:
〜に報いる、報酬を与える
lobbyist:
ロビイスト ▶議員への働きかけをして、利害関係者から報酬を得ることを仕事にしている人。
business:
企業、会社
deserve:
〜を受けるに値する
tax break:
税制優遇措置、減税措置
overseas:
海外へ、外国に
create:
〜を生み出す、創出する
eliminate:
〜を撤廃する、廃止する

指名受諾演説
「アメリカの約束」

　ですから、どうか……どうかここで具体的に説明させてください、私が大統領になったとしたら、その変化が何をもたらすことになるのかを。変化の結果として出来上がる税法では、その法案をまとめたロビイストが報われるのではなく、報われてしかるべきアメリカの労働者と中小企業が報われるのです。そう、ジョン・マケイン氏と違って、私は国外に雇用を移す企業への税制優遇措置を取りやめますし、ここアメリカ国内でよい雇用を生む企業には新たな優遇措置を与えます。高給なハイテク関連の雇用を将来生むはずの中小企業や新興企業に対しては、キャピタルゲイン税を撤廃します。

　私は……よろしいですか……私は減税を行います……全勤労者世帯の95％に対して減税を実施します。なぜなら、現在のような景気では、中流階級に対する増税は決してすべきではないからです。
　さらに、わが国の経済と安全、そして地球の未来のために、私は大統領として明確な目標を掲げます。その目標とは、10年後、われわれはついに中東産石油への依存に終止符を打つというものです。

---

capital gains tax:
キャピタルゲイン税、株式譲渡益税
start-up:
新興企業、新規事業
high-wage:
高収入の、高給の
high-tech:
高度先端技術の、ハイテクの

raise:
〜を引き上げる
for the sake of:
〜のために
security:
安全、防衛

our planet:
われわれの星、地球
goal:
目標、目的
dependence on:
〜への依存

Acceptance Speech: The American Promise

■石油依存を断ち切るために

We will do this. Washington…Washington's been talking about our oil addiction for the last 30 years. And, by the way, John McCain's been there for 26 of them. And in that time, he has said no to higher fuel-efficiency standards for cars, no to investment in renewable energy, no to renewable fuels. And today, we import triple the amount of oil than we had on the day that Senator McCain took office.

Now is the time to end it…this addiction and to understand that drilling is a stop-gap measure, not a long-term solution, not even close. As president…as president, I will tap our natural gas reserves, invest in clean coal technology, and find ways to safely harness nuclear power. I'll help our auto companies retool, so that the fuel-efficient cars of the future are built right here in America. I'll make it easier for Ameri…the American people to afford these new cars.

And I'll invest $150 billion over the next decade in affordable, renewable sources of energy—wind power and solar power and the next generation of biofuels—an investment that will lead to new industries and 5 million new jobs that pay well and can't be outsourced.

addiction: 依存症、中毒	**renewable fuel:** 再生可能燃料	**drilling:** 掘削
by the way: ちなみに、ところで	**import:** 〜を輸入する	**stop-gap measure:** 応急措置、応急対策
high fuel-efficiency: 低燃費の、燃費効率のよい	**triple:** 3倍の	**long-term:** 長期的な
investment: 投資	**Senator:** 《氏名に冠して》…上院議員	**solution:** 解決、解決策
renewable energy: 再生可能エネルギー	**take office:** 公職に就く	**tap:** (資源などを)開発する、開拓する

指名受諾演説
「アメリカの約束」

　われわれは必ずやります。ワシントンは……ワシントンは、この30年間、わが国の石油依存体質について話し合ってきました。ちなみに、ジョン・マケイン氏は、そのワシントンに26年間も席を置いています。しかもその間、彼は一貫してノーと言い続けてきたのです、自動車の低燃費基準の制定に対しても、再生可能エネルギーへの投資に対しても、再生可能燃料に対しても。そして今、わが国は3倍にも及ぶ量の石油を輸入しているのです、マケイン上院議員が公職に就いた当時と比較して。

　今こそ、これに……この石油への依存に終止符を打つ時であり、石油掘削は応急措置であって長期的な解決策ではなく、解決策に近くさえないということを理解する時なのです。大統領として……大統領として、私は天然ガス資源を開発し、クリーン・コール・テクノロジーに投資し、原子力を安全に利用する方法を探ります。私は国内の自動車メーカーの設備一新を支援するつもりですから、ここアメリカで未来の低燃費車が製造されるようになるはずです。私は、そうした新型車を、アメリカ国民が購入しやすくします。

　また、私は今後10年間で1500億ドルを投資するつもりですが、その対象は手ごろで再生可能なエネルギー源です——風力、太陽熱、次世代バイオ燃料などです——この投資によって新しい産業と500万の新規雇用が生まれることになり、しかもそれらは高賃金で、（海外へ）アウトソーシングできないのです。

---

reserves:
（石油などの）埋蔵量
invest in:
〜を投資する
clean coal technology:
クリーン・コール・テクノロジー
▶環境に悪影響を及ぼさない石炭利用技術。
harness:
（原子力などを）利用する

nuclear power:
原子力
retool:
（工場などの設備を）一新する
fuel-efficient:
燃費のよい、低燃費の
afford:
〜を持つ余裕がある
billion:
10億

affordable:
手ごろな価格の
sources:
資源
biofuel:
バイオ燃料
lead to:
〜という結果をもたらす
outsource:
〜を外部委託する

Acceptance Speech: The American Promise

■ イラクからは撤退する

And today…today, as my call for a time frame to remove our troops from Iraq has been echoed by the Iraqi government and even the Bush administration, even after we learned that Iraq has $79 billion in surplus while we are wallowing in deficit, John McCain stands alone in his stubborn refusal to end a misguided war.

That's not the judgment we need; that won't keep America safe. We need a president who can face the threats of the future, not keep grasping at the ideas of the past. You don't defeat…you don't defeat a terrorist network that operates in 80 countries by occupying Iraq. You don't protect Israel and deter Iran just by talking tough in Washington. You can't truly stand up for Georgia when you've strained our oldest alliances. If John McCain wants to follow George Bush with more tough talk and bad strategy, that is his choice, but that is not the change that America needs.

We are the party of Roosevelt. We are the party of Kennedy. So don't tell me the Democrats won't defend this country. Don't tell me the Democrats won't keep us safe. The Bush-McCain foreign policy has squandered the legacy that generations of Americans, Democrats and Republicans, have built, and we are here to restore that legacy.

time frame: 時間枠、期間	**surplus:** 黒字	**misguided:** 誤った、見当違いの
remove A from B: AをBから撤退させる	**wallow in:** 〜におぼれる、どっぷり浸かる	**judgment:** 判断、判断力
troops: 軍隊、軍勢	**deficit:** 支出超過、赤字	**face:** 〜に向き合う、立ち向かう
echo: (人の意見などに) 共鳴する	**stubborn:** かたくなな、強情な	**threat:** 脅威
administration: 政権	**refusal:** 拒絶、拒否	**grasp at:** 〜をつかもうとする

指名受諾演説
「アメリカの約束」

　そして今……今では、イラクから軍を撤退させる時期を決めるべきだという私の主張がイラク政府のみならずブッシュ政権にさえ支持され、イラクが790億ドルの黒字である一方、わが国が赤字まみれであることが判明したというのに、ジョン・マケイン氏だけは誤った戦争を終わらせることをかたくなに拒んでいます。

　それは、われわれが必要とする判断力ではありません。それではアメリカの安全は維持できません。われわれに必要なのは未来の脅威に立ち向かうことのできる大統領であり、過去の考えにしがみつき続ける人ではないのです。イラクを占領しても、80カ国で活動しているテロリストのネットワークは倒せません。ワシントンで強気な発言をするだけではイスラエルは守れないし、イランは抑えられません。最も古い同盟関係がぎくしゃくしている間はグルジアのために真に立ち上がることはできないのです。ジョン・マケイン氏がジョージ・ブッシュ氏に追随してこの先も強気な発言とお粗末な戦略を重ねたいのなら、それは彼の選択としてよいのですが、それはアメリカが必要とする変化ではありません。

　われわれはルーズベルトの政党です。ケネディの政党です。ですから、民主党はこの国を守らないなどと言わないでほしい。民主党はわれわれの安全を守らないなどと言わないでほしい。ブッシュ–マケインの外交政策は、アメリカ国民が、民主党も共和党もなく、何世代にもわたって築いてきた遺産を浪費してしまいました。しかしわれわれは、その遺産を復活させるためにここにいるのです。

（訳　安野玲）

---

defeat: 〜を打ち破る、負かす
operate: 活動する
occupy: 〜を占領する
deter: 〜を抑える、抑止する
talk tough: 強気な発言をする
truly: 本当に、真に
strain: 〜を緊張させる
alliance: 同盟
follow: 〜に従う
strategy: 戦略
defend: 〜を守る、防衛する
foreign policy: 外交政策
squander: 〜を浪費する、食いつぶす
legacy: 遺産
restore: 〜を回復させる、復活させる

勝利演説「アメリカに変化が訪れた」
Victory Speech: Change Has Come to America

11月4日の本選で、オバマは、過半数の270人どころか最終的には360人以上の選挙人を獲得。共和党の地盤であったバージニア州を44年ぶりに奪うなど、それは「国民全体から選ばれた」といえる勝ち方でもあった。
黒人指導者のキング牧師が「私には夢がある」と演説してから45年。
バラク・オバマが米国初の黒人大統領になることが確定したのである。
共和党・マケイン候補が敗北を認めたのを受け、オバマは地元シカゴのグラントパークに集まった20万人を超える支持者の前に姿を現し、この演説を行った。

実施日：2008年11月4日(現地時間)　場所：イリノイ州シカゴ「グラントパーク」
本書収録：抜粋して収録　CD収録時間：7分20秒
写真：ロイター／アフロ

VICTORY SPEECH: Change Has Come to America

■この国を疑う声に回答がなされた

Hello, Chicago.

If there is anyone out there who still doubts that America is a place where all things are possible, who still wonders if the dream of our founders is alive in our time, who still questions the power of our democracy, tonight is your answer.

It's the answer spoken by young and old, rich and poor, Democrat and Republican, black, white, Hispanic, Asian, Native American, gay, straight, disabled and not disabled—Americans who sent a message to the world that we have never been just a collection of individuals or a collection of red states and blue states. We are, and always will be, the United States of America.

It's the answer that led those who've been told for so long by so many to be cynical and fearful and doubtful about what we can achieve to put their hands on the arc of history and bend it once more toward the hope of a better day. It's been a long time coming, but tonight, because of what we did on this date in this election at this defining moment, change has come to America.

out there: 世間に、そこらに **doubt that:** 〜であることを疑う、信じない **possible:** 可能な、できる **wonder if:** 〜であるかどうかを疑う、〜かしらと思う	**founder:** 創設者、設立者 **alive:** 生きている、生きた状態の **question:** 〜を疑う、問題にする **Democrat:** 民主主義者、民主党員 **Republican:** 共和主義者、共和党員	**Hispanic:** ラテンアメリカ系の人、スペイン語圏からの移住者 **Native American:** アメリカ先住民 **gay:** 同性愛者、ゲイ **straight:** 同性愛でない人、ストレート

勝利演説
「アメリカに変化が訪れた」

　シカゴの皆さん、こんばんは。

　もしもそこらの誰かが、アメリカはあらゆることが可能な国だということをまだ疑うのなら、建国の父たちの夢がこの時代にも生き続けているものだろうかとまだ言うのなら、われわれの民主主義の力にまだ疑いを挟むのなら、今夜がその答えです。

　その答えを出したのは、老いも若きも、金持ちも貧乏人も、民主党員も共和党員も、黒人も白人もヒスパニックもアジア系もアメリカ先住民も、ゲイもストレートも、障害者も健常者も含めた、みんなです――アメリカ人みんなで世界に向けてメッセージを発したのです。われわれは単なる個人の寄せ集めだったこともなければ、赤い（共和党支持の）州と青い（民主党支持の）州の単なる寄せ集めだったこともないのだと。われわれは今も、そしてこれから先もずっと、アメリカ合衆国なのです。

　その答えのおかげで、これまで実に長い間、実に多くの人たちから、われわれに何が実現可能かに関してはシニカルに恐れや疑いの目を向けるように言われ続けてきた人たちが、長大な歴史の流れに自分の手を伸ばし、よりよい日の希望に向けてその流れをもう一度変えることができるのです。長い時間がかかりましたが、今夜、この正念場でのこの選挙のこの日にわれわれがなしたことによって、アメリカに変化が訪れたのです。

---

disabled:
《集合的に複数扱い》身体障害者
collection:
収集したもの、集まり
individual:
（社会・家族に対して）個人
lead...to do:
…を〜する気にさせる、〜するように導く

cynical:
冷笑的な、ひねくれた
be fearful about:
〜を恐れる、怖がる
be doubtful about:
〜を疑っている、怪しいと思う
achieve:
〜を達成する、実現する
put one's hands on:
〜に手をかける、手を置く

arc:
物語の連なり、一連の物語
bend A toward B:
AをBの方向に曲げる、向ける
date:
（出来事の起こった）日、時点
election:
選挙、投票
defining moment:
今後を左右する出来事、正念場

Victory Speech: Change Has Come to America

■ この勝利が誰のものかを忘れはしない

And I would not be standing here tonight without the unyielding support of my best friend for the last 16 years, the rock of our family, the love of my life, the nation's next first lady, Michelle Obama. Sasha and Malia, I love you both more than you can imagine, and you have earned the new puppy that's coming with us to the White House.

And while she's no longer with us, I know my grandmother's watching, along with the family that made me who I am. I miss them tonight. I know that my debt to them is beyond measure.

To my sister Maya, my sister Alma, all my other brothers and sisters, thank you so much for all the support that you've given me. I am grateful to them.

To the best campaign team ever assembled in the history of politics, you made this happen, and I am forever grateful for what you've sacrificed to get it done.

But above all, I will never forget who this victory truly belongs to. It belongs to you. It belongs to you.

---

unyielding: 屈することのない、揺るぎない **support:** 支持、支援 **rock:** 堅固な支え、よりどころ **nation:** 国、国家	**the first lady:** 大統領夫人、国家元首の夫人 **imagine:** 想像する、思い描く **earn:** 〜を得る、獲得する **puppy:** (特に1歳未満の) 子犬	**the White House:** アメリカ大統領官邸、ホワイトハウス **no longer:** もはや〜ない **along with:** 〜に加えて、〜もまた **miss:** 〜がいないのを寂しく思う

勝利演説
「アメリカに変化が訪れた」

　そして、そのたゆまぬ支えがなければ私が今夜ここに立っていることはなかっただろうと思われるのが、16年来の私の親友であり、わが家の強い支えであり、私の生涯の伴侶であり、この国の次期ファーストレディでもあるミシェル・オバマです。サーシャとマリア、君たちには想像もつかないほど、お父さんは君たちふたりを愛しているんだ。それで、君たちには新しく飼う子犬をあげることにしたから、ホワイトハウスに一緒に連れて行こうね。

　そして、もうこの世にはいないのですが、祖母は今も見守ってくれているはずですし、私という人間をつくり上げてくれた家族も一緒に見守ってくれているはずです。今夜ここに彼らがいたらと思わずにはいられません。私が彼らから受けた恩は計り知れないものなのです。

　妹のマヤと姉のアルマ、そして兄弟姉妹の全員へ。これまでみんなでいろいろな援助をしてくれて本当にありがとう。みんなには感謝しています。

　選挙キャンペーンのために集められた、政治史上最高のチームに。この結果は皆さんのおかげです。そして、この結果を生み出すために皆さんが何かを犠牲にしてきたことに対し、私は永遠に感謝いたします。

　しかし、ほかの何をさしおいても、この勝利が本当に誰のものなのかを、私は決して忘れません。この勝利は、あなたがたのものです。あなたがたのものなのです。

---

debt:
恩義、負い目
beyond measure:
測れないほど、並外れて
be grateful to:
〜に感謝する、ありがたく思う
campaign:
組織的運動、選挙運動
assemble:
〜を集める、集合させる
politics:
政治、政界
forever:
永遠に、いつまでも
sacrifice...to do:
〜するために…を犠牲にする、投げ打つ
above all:
とりわけ、何よりもまず
victory:
勝利
belong to:
〜に帰属する、〜のものである

Victory Speech: Change Has Come to America

■人民の人民による人民のための政治は消え去らない

　Our campaign was not hatched in the halls of Washington. It began in the backyards of Des Moines and the living rooms of Concord and the front porches of Charleston. It was built by working men and women who dug into what little savings they had to give $5, $10 and $20 to the cause. It grew strength from the young people who rejected the myth of their generation's apathy, who left their homes and their families for jobs that offered little pay and less sleep. It drew strength from the not-so-young people who braved the bitter cold and scorching heat to knock on doors of perfect strangers, and from the millions of Americans who volunteered and organized and proved that more than two centuries later a government of the people, by the people, and for the people has not perished from the Earth. This is your victory.

　The road ahead will be long. Our climb will be steep. We may not get there in one year or even in one term. But, America, I have never been more hopeful than I am tonight that we will get there. I promise you, we as a people will get there.

---

hatch: ① (卵を) かえす、ふ化させる ② (計画などを) もくろむ **backyard:** 裏庭 **front porch:** (正面玄関から突き出た屋根のある) ポーチ、入り口 **dig into:** 〜に手をつける、〜を使う	**savings:** 貯え、貯金 **cause:** (社会的な) 理想、大義 **strength:** 強さ、勢力 **reject:** 〜を拒絶する、退ける **myth:** ①神話　②根拠のない社会通念	**apathy:** 無気力、無関心 **offer:** 〜を提供する、提案する **draw:** 〜を引き出す、抜き出す **brave:** 〜に勇敢に立ち向かう、〜をものともしない

勝利演説
「アメリカに変化が訪れた」

　われわれの選挙キャンペーンはワシントンの議場で始まったわけではありません。それが始まったのは、デモインの裏庭やコンコードの居間、そしてチャールストンの玄関ポーチからなのです。それを築き上げたのは働く男性や女性たちであり、彼らはなんともわずかな自分の貯金に手をつけて、5ドルや10ドル、20ドルを大義のために差し出したのです。われわれの選挙キャンペーンが力をつけていったきっかけは、自分たちの世代は無気力だという神話を否定した若者たちであり、給料も少なく睡眠時間もまともに取れないと言われる仕事のために家や家族から離れて参加してくれた若者たちなのです。それが強さを引き出す源泉となったのは、厳しい寒さや焼けつく暑さにもひるむことなく赤の他人のドアをノックした大して若くもない人たちであり、ボランティア組織を作って活動した何百万人というアメリカ人たちだったのですが、建国から200年以上たった今でも人民の人民による人民のための政治はこの地上から消え去ってはいないのだということを、彼らは証明してくれたのです。これはあなたがたの勝利です。

　われわれの前には長い道のりが待ち受けています。上るべき斜面は険しいものです。われわれは1年ではそこにたどり着かないかもしれないし、1期4年を終えてもそこにたどり着いていない可能性があります。しかし、アメリカよ、私は今夜ほどそこへたどり着く期待を強くしたことはありません。私は皆さんに約束します、われわれはひとつの国民としてそこにたどり着くのだと。

---

bitter:
〈気候などが〉厳しい、つらい
scorching:
焼けつくような、非常に暑い
stranger:
見知らぬ人、知らない人
volunteer:
(骨の折れることを)進んでやる
organize:
組織的に団結する

prove that:
〜であることを証明する、立証する
perish:
消え去る、消滅する
ahead:
前途に、これから先に
climb:
上り坂、傾斜面

steep:
急な、険しい
term:
任期
be hopeful that:
〜であることを希望している、期待している
promise... (that):
…に〜であることを約束する、請け合う

Victory Speech: Change Has Come to America

■ 106歳の女性が見てきたもの

　This election had many firsts and many stories that'll be told for generations. But one that's on my mind tonight's about a woman who cast her ballot in Atlanta. She is a lot like the millions of others who stood in line to make their voice heard in this election, except for one thing: Ann Nixon Cooper is 106 years old. She was born just a generation past slavery, a time when there were no cars on the road or planes in the sky, when someone like her couldn't vote for two reasons: because she was a woman and because of the color of her skin. And tonight, I think about all that she's seen throughout her century in America—the heartache and the hope; the struggle and the progress; the times we were told that we can't, and the people who pressed on with that American creed: Yes, we can. At a time when women's voices were silenced and their hopes dismissed, she lived to see them stand up and speak out and reach for the ballot. Yes, we can.

---

on one's mind:
心の中で、思いとして
cast:
〜を投げ入れる、投じる
ballot:
①投票用紙　②投票権、投票制度

in line:
一列に、列になって
make one's voice heard:
意見を聞き入れてもらう、自分の声を反映させる
except for:
〜を除いて、〜は別として

slavery:
奴隷制度、奴隷所有
vote:
投票する
heartache:
心痛、悲嘆

勝利演説
「アメリカに変化が訪れた」

　　今回の選挙には、いくつもの「史上初」があり、これから何世代にもわたって語り継がれる物語がいくつもありました。しかし、今夜の私の胸に去来するのは、アトランタで自らの一票を投じたひとりの女性の物語です。彼女はほかの何百万の人たちとほとんど変わるところがなく、列に並び、この選挙に自分の声を反映させようとしたのですが、特別な点がひとつだけありました。アン・ニクソン・クーパーさんは106歳なのです。彼女が生まれたのは奴隷制が終わってからわずか一世代後で、道路を走る車もなければ空を飛ぶ飛行機もない時代でしたが、その当時、彼女のような人はふたつの理由から投票を許されませんでした。ひとつには彼女が女性だからであり、もうひとつには皮膚の色が理由でした。そして今夜、私が思いをめぐらせるのは、彼女がアメリカでまる100年以上を生きる中で目にしたいろいろな出来事のことです――悲嘆と希望、苦闘と進歩。そして、われわれにはできないと言われた時代と、あのアメリカ的な信条を推し進めた人たち。その信条とは、すなわち、「大丈夫、われわれにはできる」ということです。女性の声が封じられ希望が退けられていた時代に、クーパーさんは生きて目にしたのです、女性たちが立ち上がって率直な意見を訴え、投票権を手にする姿を。大丈夫、われわれにはできるのです。

---

struggle:
苦闘、もがき
progress:
進歩、発達
press on with:
〜を推し進める、屈することなく〜を続ける

creed:
信念、信条
silence:
〜を黙らせる、静かにさせる
dismiss:
〜を退ける、却下する

speak out:
意見を率直に述べる、はっきり話す
reach for:
〜を求めて手を伸ばす、〜を手にする

Victory Speech: Change Has Come to America

■今この時こそが大切な時期

　America, we have come so far. We have seen so much. But there's so much more to do. So tonight, let us ask ourselves: If our children should live to see the next century, if my daughters should be so lucky to live as long as Ann Nixon Cooper, what change will they see? What progress will we have made?

　This is our chance to answer that call. This is our moment. This is our time to put our people back to work and open doors of opportunity for our kids, to restore prosperity and promote the cause of peace, to reclaim the American dream and reaffirm that fundamental truth that out of many, we are one; that while we breathe, we hope; and where we are met with cynicism and doubts and those who tell us that we can't, we will respond with that timeless creed that sums up the spirit of a people: Yes, we can.

　Thank you. God bless you, and may God bless the United States of America.

---

so far: ここまで、この点まで	**call:** 呼びかけ、求め	**restore:** 〜を回復させる、復活させる
ask oneself: 自問する	**moment:** 好機、大切な時期	**prosperity:** 繁栄、隆盛
be lucky to do: 幸運にも〜する、〜するとは運がいい	**put...back:** …を(元の場所に)返す、戻す	**promote:** 〜を助長する、促進する
make progress: 進歩する、発展する	**opportunity:** 機会、好機	**cause:** (社会的な)理想、大義

勝利演説
「アメリカに変化が訪れた」

　アメリカよ、われわれはこんなに遠くまでたどり着きました。こんなにもたくさんのことを見てきました。しかし、なすべきことはまだまだたくさんあります。ですから今夜、こう自問しようではありませんか。もしもわれわれの子どもたちが生きて次世紀を目にするとしたら、もしも私の娘たちが幸運に恵まれてアン・ニクソン・クーパーさんと同じくらい長く生きられたとしたら、彼女たちはどんな変化を目にすることになるのでしょう？　われわれはそれまでにどれだけ進歩できるのでしょうか？

　今こそ、その問いかけに答えるチャンスです。今こそが大切な時なのです。今こそ、われわれは人々をもう一度職に就け、子どもたちのために機会の扉を開け、繁栄を取り戻し、平和という大義を推進し、アメリカン・ドリームを再生すべきなのです。そして、再確認すべきなのです、基本的な真理を。すなわち、多数からひとつへであり、われわれはひとつなのだということを。息をし続ける限り、われわれは希望を持ち続けるのだということを。われわれが冷笑主義と疑いで応じられる場所や、われわれにはできないと言ってくる人たちに対して、国民の精神を端的に表す不朽の信条でわれわれは応じます。大丈夫、われわれにはできる、と。

　ありがとう。皆さんに神の祝福を。そして神がアメリカ合衆国を祝福しますように。

（訳　編集部）

---

reclaim:
〜を再生する、元の状態に戻す
reaffirm that:
〜であることを再確認する、再び是認する
fundamental:
基礎的な、根本的な
truth:
真実

breathe:
息をする、生きている
meet A with B:
AにBで対抗する、立ち向かう
cynicism:
冷笑主義、皮肉な考え方
doubt:
疑い、疑念

respond with:
〜で応じる、答える
timeless:
時代を超越した、不朽の
sum up:
〜を要約する、〜の要点を述べる
spirit:
心、精神

■ボキャブラリー・チェック

各ページの下に語注として取り上げた単語などをまとめてあります。
その言葉が用いられている演説の文脈を思い出しながら覚えると、
語いのニュアンスや使い方も身につきます。

A

- a while back: しばらく前に P38
- abiding: 不変の、永遠の P25
- above all: とりわけ、何よりもまず P77
- absence: 不在、留守 P11
- absolute: 絶対的な、無条件の P38
- accept: 〜の入学を認める P15
- acceptance speech:（大統領候補の）指名受諾演説 P62
- achieve: 〜を達成する、実現する P25, P75
- addiction: 依存症、中毒 P68
- address:（団体・集会などに）演説する P22
- administration: 政権 P70
- affirm: 〜の正しさを確認する、〜を肯定する P26
- afford: 〜を持つ余裕がある P69
- affordable: 手ごろな価格の P69
- again and again: 何度も何度も P35
- agency:（行政上の）機関、庁、局 P32
- ahead: 前途に、これから先に P48, P79
- aide: 補佐官、側近 P17
- alike: 同様に、同等に P58
- alive: 生きている、生きた状態の P74
- all the way to: はるばる〜まで P25
- allegiance: 忠義、忠誠 P45
- alliance: 同盟 P71
- allow...to do: …に〜することを許す P43
- along with: 〜に加えて、〜もまた P76
- alongside: 〜と一緒に、並んで P42
- announce: 〜を発表する、宣言する P18
- anything goes: 何でも許される、何でもありだ P44
- anyway:《but 節で文尾に置いて》それでもやはり P17
- apathy: 無気力、無関心 P78
- apply to: 〜に入学を申し込む、出願する P14
- arc: 物語の連なり、一連の物語 P75
- A as much as B: B と同じだけ A も、A と B が同程度に P11
- ask oneself: 自問する P82
- ask...out: …をデートに誘う P15
- assemble: 〜を集める、集合させる P77
- assembly line: 生産ライン P24
- assign...to do: 〜を〜するように選任する P15
- at heart: 気持ち的に、感情面で P56
- at home: 本国で P36
- attend:（学校に）通う P12
- attorney:《米》弁護士 P43
- audacity: 大胆さ、勇猛果敢さ P22

- author: 作者、著者 P11
- available: 入手可能な、手に入れられる P35
- awakening: 覚せい、意識の目覚め P12
- A away from B: B から A だけ離れて P63
- awesome: 畏敬すべき、至高の P45

B

- backyard: 裏庭 P78
- ballot: ①投票用紙　②投票権、投票制度 P80
- barbershop: 理髪店、床屋 P16
- barrier: 障害物、妨げ P25
- -based: …に基づく、…を基盤とした P14
- be around: そばにいる P13
- be at war: 戦時中である、戦争状態である P62
- be aware that: 〜であると気づいている P26
- be blessed: ①祝福される　②恵まれている P10
- be doubtful about: 〜を疑っている、怪しいと思う P75
- be fearful about: 〜を恐れる、怖がる P75
- be free from: 〜を免れている P59
- be gone: いなくなる、立ち去る P13
- be grateful for: 〜をありがたく思う、感謝する P26
- be grateful to: 〜に感謝する、ありがたく思う P77
- be hopeful that: 〜であることを希望している、期待している P79
- be in a hurry to do: 急いで〜しようとする P17
- be in the middle of: 〜のただ中にある P54
- be in turmoil: 混乱状態にある P62
- be left out: 取り残される、孤立する P13
- be lucky to do: 幸運にも〜する、〜するとは運がいい P77
- be on one's way to: 〜への途中である P54
- be out of work: 失業している P62
- be ready to do: 〜する用意ができている P57
- be successful in doing: 〜することに成功する P18
- be sworn in as: 〜に宣誓就任する、宣誓して〜の職務に就く P50
- be unheard of: 今まで聞いたことがない、前代未聞である P18
- beacon: かがり火、灯台 P23
- bedrock: 基盤、根幹 P48
- belief: 確信、信念 P42
- belong to: 〜に帰属する、〜のものである P77
- bend A toward B: A を B の方向に曲げる、向ける P75
- beyond measure: 測れないほど、並外れて P77
- beyond someone's reach: 〜の手が届かない所に

- P62
- □ bill: 請求書 P62
- □ billion: 10億 P69
- □ biofuel: バイオ燃料 P69
- □ birthright: 生まれながらに持っている権利 P59
- □ bitter:〈気候などが〉厳しい、つらい P79
- □ blend in: うまく溶け込む、なじむ P14
- □ bless: 〜を祝福する P25
- □ blessing: (神の)恩恵、恵み P15
- □ blind: やみくもな、盲目的な P46
- □ block: 区画、街区 P56
- □ bomber: 爆撃機 P24
- □ brave: 〜に勇敢に立ち向かう、〜をものともしない P78
- □ bravely: 勇敢に、勇ましく P47
- □ breathe: 息をする、生きている P83
- □ bribe: 賄賂(わいろ) P28
- □ bright: 明るい、輝いた P51
- □ broad: 広い、広範な P18
- □ broken: 破たんした、駄目になった P63
- □ buck:《米略式・豪略式》ドル P30
- □ burst onto: 〜上に突然現れる P18
- □ business: 企業、会社 P66
- □ by all accounts: 誰に聞いても、誰の説明でも P11
- □ by the way: ちなみに、ところで P68

C

- □ call: 呼びかけ、求め P82
- □ call on...to do: …に〜するよう呼びかける、訴える P46
- □ call...to do: …に〜する求める P29
- □ campaign: 組織的運動、選挙運動 P77
- □ can afford: 〜を持つ余裕がある P36
- □ can't afford to do: 〜する金銭的余裕がない P62
- □ candidacy: 立候補 P18
- □ capital gains tax: キャピタルゲイン税、株式譲渡益税 P67
- □ care for: 〜の世話をする、面倒を見る P40
- □ cast: 〜を投げ入れる、投じる P80
- □ cause: (社会的)理想、大義 P78, P82
- □ challenge: 難問、難題 P62
- □ chapter: 章 P57
- □ choir: 聖歌隊、合唱団 P13
- □ choke back the tears: 涙をこらえる P31
- □ choke up: 言葉に詰まる、言葉が出ない P64
- □ choose: 〜を選ぶ、選択する P34
- □ civil liberties: 市民的自由 (思想・言論などの自由を指す) P43
- □ civil rights: 公民権、市民権 P16
- □ clarity: 明快さ、明りょうさ P57
- □ clean coal technology: クリーン・コール・テクノロジー (環境に悪影響を及ぼさない石炭利用技術) P69
- □ clear-eyed: 目の澄んだ、きれいな目の P38

- □ climate change: 気候変動 P59
- □ climb: 上り坂、傾斜面 P57, P79
- □ close:〈競争などが〉互角の、接戦の P54
- □ clothe: 〜に服を着せる P28
- □ coach: 〜を指導する、コーチする P45
- □ collar counties: (シカゴ地区のクック郡郊外と、その周辺の5つの郡を指すが、訳語は特にない) P32
- □ collection: 収集したもの、集まり P75
- □ come together: まとまる、ひとつになる P43, P56
- □ commitment: 誓約、公約 P29
- □ community organizer: コミュニティー・オーガナイザー (コミュニティーのまとめ役として諸問題に携わる地域活動家を指す) P14, P55
- □ compassionate: 心やさしい、思いやりのある P64
- □ compete with: 〜と競う、争う P30
- □ conduct oneself: ふるまう P58
- □ confidence: 自信 P57
- □ confusion: 混乱、困惑 P13
- □ congratulate: 〜におめでとうと言う P54
- □ Congress: (米国の)国会、連邦議会 P16
- □ connect: 〜を結びつける、つなぐ P42
- □ conservative: 保守主義の、保守的な P19, P44
- □ continent: 大陸 P25
- □ convention: 代表者会議、党大会 P22
- □ count: 〜を数える、勘定に入れる P28, P54
- □ coverage: (保険などの)保障範囲、適用範囲 P36
- □ cramped: 狭苦しい、窮屈な P12
- □ create: 〜を生み出す、創出する P36, P66
- □ Creator: 創造主、造物主、神 P27
- □ creed: 信念、信条 P81
- □ crossroads: 交差点、中心地 P22
- □ cynic: 世をすねた人、冷笑家 P58
- □ cynical: 冷笑的な、ひねくれた P57, P75
- □ cynicism: 冷笑主義、皮肉な考え方 P46, P83

D

- □ dare to do: あえて〜する、思い切って〜する P47
- □ darkness: 暗黒、くらやみ P51
- □ date: (出来事の起こった)日、時点 P75
- □ debt: 恩義、負い目 P77
- □ decade: 10年間 P35, P55
- □ decent: 適正な、きちんとした P33, P63
- □ declaration: 宣言 P27
- □ deep: 奥行きのある P58
- □ defeat: 〜を打ち破る、負かす P41, P71
- □ defend: 〜を守る、防衛する P45, P71
- □ deficit: 支出超過、赤字 P70
- □ define: 〜を定義する、〜の形を定める P34
- □ defining moment: 今後を左右する瞬間、正念場 P62, P75
- □ defy: 〜に逆らう、挑みかかる P47
- □ delegate: 代議員 P54
- □ deliver: (演説・説教を)する P18

■ボキャブラリー・チェック

- [ ] **democracy**: 民主主義 P55
- [ ] **Democrat**: 民主主義者、民主党員 P30, P65, P74
- [ ] **Democratic National Convention**: 民主党大会（略称 DNC）P18
- [ ] **dependence on**: 〜への依存 P67
- [ ] **deserve**: 〜を受けるに値する P66
- [ ] **despair**: 絶望 P49
- [ ] **deter**: 〜を抑える、抑止する P71
- [ ] **devote oneself to**: 〜に一身をささげる、専念する P35
- [ ] **devotion to**: 〜への忠誠心、深い信頼 P38
- [ ] **dig into**: 〜に手をつける、〜を使う P78
- [ ] **diner**: 小食堂、簡易食堂 P32
- [ ] **disabled**:《集合的に複数扱い》身体障害者 P75
- [ ] **disaster**: 惨事、大変な不幸 P63
- [ ] **disastrous**: 損害の大きい、悲惨な P17
- [ ] **disease**: 病気、疾病（しっぺい）P59
- [ ] **dismiss**: 〜を退ける、却下する P81
- [ ] **dismiss A as B**: A を B として退ける、無視する P58
- [ ] **distant**: 遠距離の P47
- [ ] **diversity**: 多様性 P26
- [ ] **divide**: 〜を分断する、分裂させる P37
- [ ] **DNC**: = Democratic National Convention　民主党大会 P22
- [ ] **domestic servant**: 召使い P23
- [ ] **doubt**: 疑い、疑念 P83
- [ ] **doubt that**: 〜であることを疑う、信じない P74
- [ ] **draw**: 〜を引き出す、抜き出す P78
- [ ] **drilling**: 掘削 P68
- [ ] **drive**: 動因、やる気 P31
- [ ] **drown**: 水没する、水浸しになる P65
- [ ] **drug**: 薬 P31
- [ ] **due process**:（憲法で保障された）法の適正手続き P43
- [ ] **duty**: 義務、（義務としての）軍務、兵役 P24, P39

E

- [ ] **e pluribus unum**:《ラテン語》多数からひとつへ（米国の成り立ちを象徴する言葉であり、国のモットーとして国璽（こくじ）や紙幣などにも印されている）P43
- [ ] **earn**: 〜を獲得する、得る P40, P76
- [ ] **easy**: 打ちとけやすい、人なつこい P38
- [ ] **echo**:（人の言葉などを）繰り返す、（人の意見などに）共鳴する P58, P70
- [ ] **economy**: 経済 P27
- [ ] **election**: 選挙、投票 P28, P65, P75
- [ ] **eliminate**: 〜を撤廃する、廃止する P66
- [ ] **elite**: 選ばれた人向けの、名門の P12
- [ ] **eloquent**: 雄弁な、能弁な P58
- [ ] **embody**: 〜を体現する、具現する P34
- [ ] **embrace**:（主義・方針などを）受け入れる、採用する、〜を喜んで受け入れる、進んで選び取る P14, P44
- [ ] **empty**: 空の、中身のない P58

- [ ] **endow A with B**: A に B を授ける、生まれながらに与える P27
- [ ] **enemy**: 敵 P41
- [ ] **enlist**: 自ら入隊する、志願兵になる P38
- [ ] **enough**: もういい、もうたくさんだ P65
- [ ] **equal**: 平等な P27
- [ ] **equipment**: 機器、器具類 P64
- [ ] **eradicate**: 〜を根絶する、撲滅する P33
- [ ] **exactly**: 正確に P66
- [ ] **except for**: 〜を除いて、〜は別として P80
- [ ] **expectation**: 可能性、将来の見込み P33
- [ ] **explain**: 〜を説明する、明らかにする P38, P64
- [ ] **express**: 〜を言葉で表現する P22

F

- [ ] **face**: 〜に向き合う、立ち向かう、直面する P49, P70
- [ ] **failed**: 失敗した、役に立たない P63
- [ ] **failure to do**: 〜できないこと P63
- [ ] **faith**: 信頼、信念、信仰 P25
- [ ] **far from**: 〜から遠くで P55
- [ ] **farm**: 農場 P24
- [ ] **fear**: 不安、恐怖 P59
- [ ] **federal agent**: 連邦捜査官、連邦機関の役人 P45
- [ ] **feed**: 〜に食物を与える P28
- [ ] **feel like a failure**: 自分が落ちこぼれのような気がする P64
- [ ] **fellow**: 仲間、同じ立場の人 P30
- [ ] **FHA**: = Federal Housing Administration　連邦住宅局（住宅ローンの債務保証をする米国政府機関）P25
- [ ] **figure out**: 〜を解明する、考え出す P15
- [ ] **find oneself**: 気がつくと（〜の状態に）いる P63
- [ ] **first-time**: 1回目の、初めての P58
- [ ] **folk**: 地域住民 P32
- [ ] **follow**: 〜に従う P71
- [ ] **following**: 次の、次に来る P38
- [ ] **for periods of time**: 一定の期間 P13
- [ ] **for the first time in one's life**: 生まれて初めて P12
- [ ] **for the sake of**: 〜のために P67
- [ ] **forbearer**: 耐える人、我慢する人 P29
- [ ] **foreign policy**: 外交政策 P71
- [ ] **foreign student**: 外国人学生、留学生 P23
- [ ] **forever**: 永遠に、いつまでも P77
- [ ] **founder**: 創設者、設立者 P74
- [ ] **freedom**: 自由 P37
- [ ] **front porch**:（正面玄関から突き出た屋根のある）ポーチ、入り口 P55, P78
- [ ] **fudge**: 〜をごまかす、でっち上げる P40
- [ ] **fuel-efficient**: 燃費のよい、低燃費の P69
- [ ] **fundamental**: 基礎的な、根本的な P43, P83

G

- gay: ①同性愛者の、ゲイの　②同性愛者、ゲイ P45, P74
- gender: 性、性別 P56
- generation: 世代 P29
- generous: 気前のよい、寛大な P25
- genius: (時代・国民などの) 精神、特質 P28
- genocide: 民族大虐殺 P59
- get ahead: (商売などで) 成功する P32
- get by: どうにか生き抜く、なんとか暮らす P39
- get into: 〜に入学する P13
- go away: 〈問題などが〉なくなる、解決する P46
- go to war: 戦争を始める P40
- goal: 目標、目的 P67
- goat: ヤギ P10
- good-looking: 顔立ちのよい、ハンサムな P38
- grad: = graduate　(特に大学の) 卒業生 P15
- grade: 成績、評価 P13, P31
- graduate from: (各種の学校を) 卒業する P14
- grasp at: 〜をつかもうとする P70
- gratitude: 感謝 P22
- greatness: 偉大さ、卓越性 P26
- grow up: 成長する P10

H

- hall: 集会所、会館、ホール P38, P55
- hard-fought: 激戦の、接戦の P54
- harness: (原子力などを) 利用する P69
- hatch: ①(卵を) かえす、ふ化させる　②(計画などを) もくろむ P78
- have no doubt that: 〜であることを疑わない、きっと〜であると思う P50
- head to: 〜に向かう、〜を目指す P38
- health benefits: 健康保険 P31
- healthcare: 医療、健康管理 P46
- heartache: 心痛、悲嘆 P80
- height: 高さ P26
- herd: (家畜の) 番をする、世話をする P10, P23
- heritage: 受け継いだもの、伝統 P26
- heroic: 英雄的な、勇敢な P34
- hesitate to do: 〜するのをためらう、躊躇(ちゅうちょ)する P41
- high fuel-efficiency: 低燃費の、燃費効率のよい P68
- high-tech: 高度先端技術の、ハイテクの P67
- high-wage: 高収入の、高給の P67
- Hispanic: ラテンアメリカ系の人、スペイン語圏からの移住者 P74
- hold...hostage: …を人質にする P36
- honor: 名誉 P22
- hopefulness: 希望に満ちていること、有望さ P50

I

- ideals: 理想、究極的な目標 P34
- identity: (自己の) 存在証明 P13
- ignorance: 知らないこと、無知 P46
- ignore: 〜を無視する、見ないふりをする P46
- illness: 病気 P63
- imagine: 想像する、思い描く P76
- immigrant: (外国からの) 移民、移住者 P46
- import: 〜を輸入する P68
- improbable: ありそうにない P25
- in line: 一列に、列になって P80
- in search of: 〜を求めて、探して P25
- in the face of: 〜をものともせずに P47
- inalienable: 譲渡不可能な、奪うことのできない P27
- income: 収入 P39
- incumbent: 現職者、現職議員 P16
- independence: 自立、自活 P36
- Independent: 無党派の人 P30, P58, P65
- individual: (社会・家族に対して) 個人 P75
- individualism: 個人主義 P42
- influence: 影響、感化 P11
- ingredient: 要素、成分 P42
- inner-city: 大都市の貧困地区の、スラム街の P32
- insistence: 強く求めること、執拗な要求 P28
- inspire...to do: …を〜する気にさせる P56
- instead of: 〜ではなく、〜の代わりに P36
- into harm's way: 危険な所へ、危ない状況に P40
- invest in: 〜を投資する P69
- investment: 投資 P68

J

- join: 〜に参加する P24
- judgment: 判断、判断力 P70

K

- keep...alive: 〜を生かし続ける P65
- keep...high: …を高く保つ、維持する P13
- keeper: 保護者、番人 P43
- keynote address: 基調演説 P22
- keynote speaker: 基調演説者 P18
- kid: 若者 P38

L

- lack: 〜を欠いている、持っていない P39
- landslide: 地すべり的勝利、圧倒的な勝利 P18
- Latino: ラテンアメリカ系の、ラテン系民族の P44
- law firm: 法律事務所 P15
- lawyer: 弁護士 P15
- lead: 〜を率いる、指導する P34
- lead to: 〜という結果をもたらす P69
- lead...to do: …を〜する気にさせる、〜するように導く P75

■ボキャブラリー・チェック

- ☐ **leave...behind:** …を置き去りにする、後に残して行く P11
- ☐ **legacy:** 遺産 P29, P71
- ☐ **lesson:** 教訓 P17
- ☐ **let...down:** …をがっかりさせる、失望させる P57
- ☐ **let's face it:** 現実を認めよう、率直に話そう P22
- ☐ **liberal:** 自由主義の、進歩的な、リベラルな P18, P44
- ☐ **liberty:** 自由、自由の権利 P27, P37
- ☐ **lieutenant:** 《米海軍》大尉 P41
- ☐ **lieutenant governor:** 州副知事 P35
- ☐ **lifelong:** 生涯にわたる、一生の P58
- ☐ **lifetime:** 一生、生涯 P63
- ☐ **limb:** (頭・胴と区別した)肢、手足 P39
- ☐ **Little League:** 少年野球リーグ、リトルリーグ P45
- ☐ **live on:** 生き続ける、生き延びる P26
- ☐ **lobbyist:** ロビイスト(議員への働きかけをして、利害関係者から報酬を得ることを仕事にしている人) P66
- ☐ **long to do:** 〜することを切望する P59
- ☐ **long-term:** 長期的な P68
- ☐ **look down on:** 〜を見下ろす P26
- ☐ **love at first sight:** 一目ぼれ P11
- ☐ **loved one:** 最愛の人 P39

M

- ☐ **magical:** 魔法のような、とても魅惑的な P23
- ☐ **magna cum laude:** 優等で、最優等に次ぐ成績で P16
- ☐ **make one's voice heard:** 意見を聞き入れてもらう、自分の声を反映させる P80
- ☐ **make progress:** 進歩する、発展する P82
- ☐ **make sure that:** 確実に〜であるようにする P33
- ☐ **make use of:** 〜を利用する、活用する P15
- ☐ **making:** つくり出すもの、製品 P62
- ☐ **marbled:** 大理石の、大理石で作られた P55
- ☐ **march:** 行進する P24
- ☐ **matter to:** 〜にとって重要である、重大な関係がある P42
- ☐ **Maytag:** メイタグ社(米国の家電メーカー) P30
- ☐ **mean:** 〜という結果を生ずる、〜を必然的に含む P66
- ☐ **measure up to:** (基準などに)かなう、達する P29
- ☐ **medicine:** 医薬品 P42
- ☐ **meet A with B:** AにBで対抗する、立ち向かう P83
- ☐ **meet the challenge:** 難題に対処する、課題に対応する P49
- ☐ **Mekong Delta:** メコンデルタ(メコン川流域のデルタ地帯、ベトナム戦争時には激戦地となった) P47
- ☐ **mentor:** 助言者、教育係 P15
- ☐ **middle class:** 中流階級、中産階級 P48
- ☐ **might:** 力 P41
- ☐ **million:** 100万 P57
- ☐ **millworker:** 工員、工場労働者 P47

- ☐ **misguided:** 誤った、見当違いの P70
- ☐ **miss:** 〜がいないのを寂しく思う P76
- ☐ **moment:** 好機、大切な時期 P82
- ☐ **mostly:** 大部分、ほとんど P13
- ☐ **move from A to B:** AからBに引っ越す P10
- ☐ **movement:** 運動、活動 P56
- ☐ **much to the chagrin of:** 〜にとって非常に悔しいことに、残念なことに P11
- ☐ **myth:** ①神話 ②根拠のない社会通念 P78

N

- ☐ **naive:** 世間知らずの、単純で無知な P57
- ☐ **name A after B:** Bの名をとってAに名づける P10
- ☐ **nation:** 国、国家 P76
- ☐ **national:** 全国的な、全国民の P18
- ☐ **Native American:** アメリカ先住民 P74
- ☐ **naval:** 海軍の P47
- ☐ **nearly:** ほぼ、ほとんど P54
- ☐ **neck and neck:** (競争で)並んだ、激戦の P54
- ☐ **negative ad:** 中傷広告、競合相手の悪い面を訴える広告 P44
- ☐ **neighbor:** 隣人、近所の人 P39
- ☐ **neighborhood:** (ある特性を備えた)地域、区域 P32
- ☐ **nerves:** 神経、精神力 P39
- ☐ **no longer:** もはや〜ない P76
- ☐ **no matter what:** たとえ何が〜しようとも P54
- ☐ **nomination:** 指名、任命 P54
- ☐ **nuclear power:** 原子力 P69
- ☐ **numb:** 〜の感覚をまひさせる P13

O

- ☐ **obligation:** 義務、責務 P40
- ☐ **occupy:** 〜を占領する P71
- ☐ **odds:** 優劣の差、不平等 P47
- ☐ **offer:** 〜を提供する、提案する P34, P78
- ☐ **office:** (政府・会社などの)責任ある地位、役職 P17
- ☐ **office park:** オフィスパーク(オフィスビル、公園、レストランなどを含む複合体) P32
- ☐ **oil field:** 油田 P37
- ☐ **oil rig:** 油井(ゆせい)掘削装置 P24
- ☐ **on behalf of:** 〜を代表して P22
- ☐ **on one's mind:** 心の中で、思いとして P80
- ☐ **on the brink of:** 〜の寸前で、瀬戸際で P63
- ☐ **opening:** 機会、好機 P17
- ☐ **operate:** 活動する P71
- ☐ **opportunity:** 機会、好機 P82
- ☐ **oppose:** 〜に反対する P45
- ☐ **optimism:** 楽観主義、楽天主義 P46
- ☐ **option:** 選択権、選択肢 P37
- ☐ **ordinary:** 普通の、一般的な P55
- ☐ **organize:** 組織的に団結する P79

- □ **our planet:** われわれの星、地球 P67
- □ **out there:** 世間に、そこらに P74
- □ **outsource:** 〜を外部委託する P69
- □ **overseas:** 海外へ、外国に P36, P66
- □ **owe a debt to:** 〜に恩義を感じている、負い目がある P26

P

- □ **pack up:** 〜を荷造りする P64
- □ **parental abandonment:** 親の責任放棄、親に見捨てられること P12
- □ **participate in:** 〜に参加する、関与する P46
- □ **particular:** 格別の、特別の P22
- □ **party:** 政党 P34, P56
- □ **pass away:** 亡くなる、他界する P26
- □ **passion:** 情熱、熱い思い P50
- □ **patriot:** 愛国者、憂国の士 P45
- □ **patrol:** 〜を巡回する、巡視する P47
- □ **pay attention to:** 〜に注意を払う P58
- □ **Pearl Harbor:** 真珠湾(米国ハワイ州オアフ島南部にあり、1941年12月7日に日本軍が奇襲攻撃を行った) P24
- □ **peddler:** (うわさなどを)広める人、あちこちにばらまく人 P44
- □ **perish:** 消え去る、消滅する P79
- □ **perseverance:** 忍耐、根気 P23
- □ **plain:** 平原、平野 P58
- □ **plant:** 工場、設備 P30
- □ **pledge:** 〜を誓う、誓約する P45
- □ **plummet:** 〈物価・株価などが〉急落する P62
- □ **poetry:** 詩、詩歌 P13
- □ **poke around:** 〜をかぎまわる、調べてまわる P45
- □ **policy:** 政策、方針 P63
- □ **political career:** 政治家としてのキャリア、経歴 P16
- □ **politician:** 政治家 P36
- □ **politics:** 政治、政界 P18, P56, P63, P77
- □ **popular:** 人気のある、大衆から支持された P16
- □ **possible:** 可能な、できる P74
- □ **potential:** 可能性、潜在能力 P25
- □ **poverty:** 貧困、貧乏 P65
- □ **power:** 力、権力 P11
- □ **precious:** 大切な、大事な P26
- □ **premise:** 前提、仮定 P27
- □ **prep school:** = preparatory school 《米》プレパラトリースクール(大学進学の準備教育をする私立中学や高校) P12
- □ **prepare to do:** 〜するための準備をする、用意をする P44
- □ **prescription drug:** 処方薬、処方せん薬 P42
- □ **presence:** 存在 P23
- □ **president:** ①(会の)議長 ②大統領 P18
- □ **press on with:** 〜を推し進める、屈することなく〜を続ける P81
- □ **pretty:** かなり、非常に P23
- □ **primary:** 予備選挙 P54
- □ **priority:** 優先、優先事項 P33
- □ **privilege:** 恩恵、名誉 P22
- □ **process:** 過程 P28
- □ **profit:** 利益、利潤 P37
- □ **progress:** 進歩、発達 P81
- □ **promise:** ①約束、誓い ②有望性 P11, P29, P62
- □ **promise...that:** …に〜であることを約束する、請け合う P79
- □ **promote:** 〜を助長する、促進する P82
- □ **prosecutor:** 検察官、検事 P35
- □ **prosper:** 繁栄する、栄える P42
- □ **prosperity:** 繁栄、隆盛 P59, P82
- □ **protect:** 〜を保護する、守る P41
- □ **prove that:** 〜であることを証明する、立証する P79
- □ **provide A with B:** AにBを提供する、供給する P48
- □ **public housing:** (低所得者向けの)公営住宅 P14
- □ **pundit:** (メディアで発言するような)識者、評論家 P44
- □ **puppy:** (特に1歳未満の)子犬 P76
- □ **pursue:** 〜を追う、追跡する P41
- □ **pursuit:** 追求 P27
- □ **put down roots:** (場所・地位に)落ち着く、根を下ろす P16
- □ **put one's hands on:** 〜に手をかける、手を置く P75
- □ **put...back:** …を(元の場所に)返す、戻す P82

Q

- □ **question:** 〜を疑う、問題にする P74

R

- □ **race:** 選挙戦 P17
- □ **racial:** 人種の、民族の P12
- □ **radar:** (比ゆ的な意味で)レーダー、探知網 P18
- □ **raise:** ①〜を育てる ②〜を上げる、引き上げる P23, P33, P67
- □ **reach for:** 〜を求めて手を伸ばす、〜を手にする P81
- □ **reaffirm:** 〜の正しさを再確認する、〜を再肯定する P29
- □ **reaffirm that:** 〜であることを再確認する、再び是認する P83
- □ **reality:** 現実 P29
- □ **realize that:** 〜であることに気づく、〜であるということを悟る P55
- □ **reclaim:** 〜を再生する、元の状態に戻す P51, P83
- □ **reclaim A from B:** A(人)をB(悪いこと)から更生させる、立ち直らせる P48
- □ **refusal:** 拒絶、拒否 P70
- □ **region:** 地域 P56

■ボキャブラリー・チェック

- □ reject: 〜を拒絶する、退ける P78
- □ relief:（悩みなどからの）救済、安心 P48
- □ remain: 〜の状態のままである P33
- □ remake: 〜をつくり直す、改修する P55
- □ remarry: 〜と再婚する P12
- □ remote: 遠隔の、人里離れた P10
- □ remove A from B: A を B から撤退させる P70
- □ renewable energy: 再生可能エネルギー P68
- □ renewable fuel: 再生可能燃料 P68
- □ rent: 家賃、部屋代 P42
- □ Republican: 共和主義者、共和党員 P30, P65, P74
- □ reserves:（石油などの）埋蔵量 P69
- □ Reservist: 予備兵、在郷軍人 P39
- □ respect: 尊敬、敬意 P41
- □ respond: 対応する、対処する P63
- □ respond with: 〜で応じる、答える P83
- □ restless: 落ち着かない、満足できない P14
- □ restore: 〜を回復させる、復活させる P59, P71, P82
- □ result: 結果 P54, P63
- □ retirement: 退職 P63
- □ retool:（工場などの設備を）一新する P69
- □ retribution: 仕返し、報復 P28
- □ reward: 〜に報いる、報酬を与える P36, P66
- □ righteous: 正しい、正義の P49
- □ rise up: 立ち上がる P50
- □ risk: 〜を危険にさらす、〜の危険を冒す P41
- □ rock: 堅固な支え、よりどころ P76
- □ round up: 〜を一斉検挙する、一網打尽に捕らえる P42
- □ run for: 〜に立候補する、出馬する P16
- □ Russian: ロシアの P10

S

- □ sabotage: 破壊工作、妨害行為 P37
- □ sacrifice: 〜を犠牲にする、投げ捨てる P37
- □ sacrifice...to do: 〜するために…を犠牲にする、投げ打つ P77
- □ saga: 長編冒険物語、英雄伝説 P42
- □ savings: 貯え、貯金 P78
- □ scholarship: 奨学金 P23
- □ scorching: 焼けつくような、非常に暑い P79
- □ secure: ①〜を守る、確保する ②安全な、危険のない P40
- □ security: 安全、防衛 P67
- □ seek out: 〜を探し出す、見つけ出す P14
- □ self-evident:〈物・事が〉自明の、わかりきった P27
- □ senator: ①上院議員 ②《氏名に冠して》…上院議員 P19, P54, P68
- □ senior citizen: 高齢者、お年寄り P42
- □ sense in one's bones that: 〜であると直感的に悟る、肌で感じる P33
- □ serve: ①〜のために働く、力を尽くす ②仕える、勤務する P14
- □ service: 兵役、軍務 P35
- □ set out:（旅などに）出発する、出かける P47
- □ settle: 落ち着く、定まる P57
- □ shack: 丸太小屋、掘っ立て小屋 P23
- □ shade: 〜を見えなくする、隠す P40
- □ shape: 〜を形づくる、方向づける P11
- □ share: 〜を分かち合う、共有する P25
- □ shatter: 〜を損なう、めちゃめちゃにする P39
- □ shine: 輝く P23
- □ ship: 〜を輸送する、出荷する P36
- □ ship A off to B: A を B に送る、輸送する P64
- □ shore: 岸、海岸、陸地 P47, P59
- □ shot: 見込み、勝ち目 P33
- □ shut...out: …を締め出す P56
- □ sign up:（組織・団体などに署名して）加わる P24
- □ silence: 〜を黙らせる、静かにさせる P81
- □ sit on one's hands: 手をこまねいている P65
- □ skinny: 骨と皮ばかりの、やせこけた P47
- □ skyscraper: 超高層ビル P26
- □ slander: 中傷、悪口 P33
- □ slavery: 奴隷制度、奴隷所有 P80
- □ slice-and-dice: 〜を切り刻む、細かく切り分ける P44
- □ slide into: 次第に〜に陥る P65
- □ slight: わずかな、少しの P33
- □ so far: ここまで、この点まで P82
- □ solemn: 厳粛な、重大な P40
- □ solution: 解決、解決策 P58, P68
- □ solve: 〜を解決する P32
- □ sources: 資源 P69
- □ span: 〜にわたる、及ぶ P56
- □ speak out: 意見を率直に述べる、はっきり話す P81
- □ spell out: 〜を詳しく説明する P66
- □ spin master: 情報操作のプロ、（政治家の）メディア対策アドバイザー P44
- □ spirit: 心、精神 P83
- □ squander: 〜を浪費する、食いつぶす P71
- □ Sr.: = Senior （同名の父子などを区別して）父親の P10
- □ start-up: 新興企業、新規事業 P67
- □ state: 州 P12
- □ steep: 急な、険しい P57, P79
- □ stop-gap measure: 応急措置、応急対策 P68
- □ straight: 同性愛でない人、ストレート P74
- □ strain: 〜を緊張させる P71
- □ stranger: 見知らぬ人、知らない人 P79
- □ strategy: 戦略 P71
- □ strength: 強さ、勢力 P78
- □ stretch from A to B: A から B に延びる、広がる P57
- □ struggle: 苦闘、もがき P81
- □ struggle to do: 〜しようともがく、奮闘する P39
- □ struggle with: 〜に苦しむ、悩む P13

- stubborn: かたくなな、強情な P70
- substantial: 実質的な、内容の伴った P46
- such...that: 非常に…なので〜である P17
- sum up: 〜を要約する、〜の要点を述べる P27, P83
- summer associate: サマーアソシエイト（夏季休暇の間、法律事務所で実務研修を行う法科大学院生）P15
- support: ①〜を支持する、〜に賛同する　②支持、支援 P45, P76
- surplus: 黒字 P70
- Swahili: スワヒリ語（東アフリカ沿岸から中央にかけて、共通語として広く用いられている言語）P10

T
- take office: 公職に就く P68
- take on: 〜を相手に戦う、立ち向かう P59
- talk tough: 強気な発言をする P71
- tap: (資源などを) 開発する、開拓する P68
- tax: 税金 P32
- tax break: 税制優遇措置、減税措置 P36, P66
- tax code: 税法 P66
- tease: 〜をからかう、いじめる P12
- tend to: 〜に気を配る、〜の世話をする P40
- term: 任期 P18, P65, P79
- the Constitutional: 合衆国憲法の P37
- the Depression: 世界大恐慌（1929年から1933年）P24
- the envy of: 〜の羨望(せんぼう)の的、ねたみの対象 P37
- the first lady: 大統領夫人、国家元首の夫人 P76
- the GI Bill: 復員兵援護法（復員兵に失業給付と、住宅・教育資金の貸付を行う法律。1944年に制定）P24
- the homeless: 家のない人たち、ホームレス P48
- the jobless: 職のない人たち、失業者 P48
- the Marines: 海兵隊 P38
- the Pentagon: 国防総省、ペンタゴン P32
- the Senate: (二院制議会の) 上院 P16
- the Stars and Stripes: 星条旗、米国国旗 P45
- the United States Senate: 合衆国上院、連邦上院 P35
- the White House: アメリカ大統領官邸、ホワイトハウス P76
- threat: 脅威、脅かすもの P59, P70
- threaten: 〜を脅かす、〜の脅威となる P43, P62
- time: 〜を好時機に行う、〜にふさわしい時を選ぶ P18
- time frame: 時間枠、期間 P70
- timeless: 時代を超越した、不朽の P83
- tin-roof: トタン屋根の、薄いメッキ金属の屋根の P23
- tolerant: 寛容な P25
- tough: 難しい、骨の折れる P35
- transfer to: 〜に移る、転校する P14
- treat: 〜を扱う、遇する P59
- triple: 3倍の P68
- troops: 軍隊、軍勢 P40, P70
- truly: 本当に、真に P71
- truth: 真実 P83
- tuck in: 〜を夜具でくるむ、寝かしつける P28
- tuition: 授業料 P62
- turn off: (テレビなどを) 消す P33
- turn the page: ①ページをめくる　②状況を変える、前に進める P56

U
- uncertainty: 不確実性、不確かさ P47
- unemployment: 失業 P46
- union: 合体、接合 P30
- unless: 〜でない限り、〜の場合を除いて P33
- unlikely: ありそうもない、考えられない P23
- unyielding: 屈することのない、揺るぎない P76
- urgency: 切迫感、緊急性 P50

V
- value: 価値、価格 P29, P62
- venture into: (危険を冒して) 〜に入る、足を踏み入れる P18
- veteran: 退役軍人、兵役経験者 P64
- VFW: = Veterans of Foreign Wars　海外戦争復員兵協会 P38
- vice: 副の、代理の P51
- victory: 勝利 P77
- violence: 暴力 P49
- volunteer: (骨の折れることを) 進んでやる P79
- vote: ①票、投票　②投票する P28, P54, P80
- voter: 有権者 P58

W
- wallow in: 〜におぼれる、どっぷり浸かる P70
- want: 貧乏、困窮 P59
- waste: 〜を浪費する、無駄にする P32
- wealthy: 裕福な P13
- weary: 疲れ切った、へとへとの P59
- wedge: くさび、割るための道具 P37
- welfare: 社会福祉 P32
- will: 意志 P31
- willfull: 故意の、意図的な P46
- win a scholarship: 奨学金を獲得する P10
- win a seat: 議席を勝ち取る、当選する P16
- wind at one's back: 追い風、順風 P49
- without benefit of: 〜の恩恵を受けずに P43
- wonder if: 〜であるかどうかを疑う、〜かしらと思う P74
- wonder: 〜についてあれこれ悩む P31

■ボキャブラリー・チェック

- ☐ **work:** 機能、働き P55
- ☐ **work on:**（機械などを）使って働く、操作して仕事をする P64
- ☐ **working family:** 勤労者世帯 P48
- ☐ **worship:** 〜を崇拝する P45

Y
- ☐ **young family:** 子どものまだ小さい家庭 P11
- ☐ **youth:** 若者 P33

■オバマ報道の「新しい英語」

2008年大統領選をめぐる英語メディアの報道の中には、いろいろな新語・造語が見られました。ここではオバマに関連したものをご紹介します。

□ **Obamanistas**: オバマ支持者、オバマファン
Obamatons とも言う。バラク・オバマを強く支持する人々のこと。

□ **Obamaphile**: オバマファン
-phile は「…を愛する人」という意味の接尾語。

□ **Obamaphobia**: オバマ嫌い
Baracknophobia とも言う。-phobia は「…恐怖症、…嫌い」という意味の接尾語。

□ **Obamacon**: オバマコン
Obama + conservative（保守派）。保守派であるがオバマ候補を支持する人を指す。

□ **Obamanomics**: オバマノミクス、オバマの経済政策

□ **be Obamarized**: オバマ化する
「オバマに心を奪われる、魅了される」といった意味。2008年の夏に訪欧したオバマは各地で人気を博し、欧州人を「オバマ化する」のに成功した。

[例]
It turned out Sarko was also Obamarized.
（結局、サルコジまでもがオバマの虜（とりこ）となった）
*Sarko は、フランスのサルコジ（Sarkozy）大統領のニックネーム。
from: *International Herald Tribune*, July 28, 2008

□ **Obamomentum**: オバモメンタム、オバマの勢い
Obama + momentum（勢い）。
[例]
...eventually, Obamomentum proves stronger than Hillaresurgence.
（結局は「オバマの勢い」のほうが「ヒラリーの蘇生」より強かった）
*Hillaresurgence は、Hillary に resurgence（蘇生）をくっ付けた造語で、オバマにリードを許したヒラリーが逆転する可能性を表現したもの。
from: *The Economist*, Jun. 14, 2008

□ **hope-monger**: 希望屋、希望を広める人
[例]
He calls himself a "hope-monger"; he argues that changes cannot come if the country is mired in the old "Bush-Clinton" partisan politics.
（オバマは自分を「希望屋」と呼び、米国が旧来のブッシュ・クリントン式の党利党略による政治にはまると改革は望めないと言っている）
*mire A in B は「A を B（ぬかるみなど）にはまらせる、陥らせる」という意味のイディオム。
from: *The Economist*, Jan. 12, 2008

□ **Obamacan**: オバマ支持の共和党員
Obama + Republican（共和党員）。
[例]
Tom was a McCain supporter before becoming an Obamacan.
（トムはオバマ支持に回る前はマケインの応援団だった）

■出典
ここに掲載した内容は、メールマガジン『辞書にない英語で世界がわかる』第225号の記事に基づいています。
【執筆陣】同メールマガジンは下記の方々が執筆しています。
宮本倫好・石橋千鶴子・伊藤典子・小川四朗・小池 温・鈴木審平・田中満佐人・濱屋徳郎・藤村雄伍・渡辺敦子・渡邊（金）泉
【購読方法】同メールマガジンのご購読は朝日出版社「EE Club」

サイトからお申し込みいただけます。また、下記の配信システムでもご購読いただけます。
● EE Club　　　http://ee.asahipress.com/eeclub/
● まぐまぐ！　　http://www.mag2.com/　　ID:159343
● melma!　　　http://www.melma.com/　　ID:141091
● カプライト　　http://kapu.biglobe.ne.jp/　　ID:11401

■ CD ナレーション原稿

付録のCDでは、オープニングとエンディングに英語のナレーションが入っているほか、各演説の冒頭でタイトルが読み上げられています。それらの内容をここに示します。

■ track 01

Thank you for buying this very special edition of President-Elect Barack Obama's speeches.
Barack Obama has proven that the American Dream is still alive and, in doing so, has inspired new hope for the future both in the U.S. and abroad.
Join us to find out more about America's first black president, with a special introduction aired by CNN. We will then follow his speeches from his first appearance at the Democratic National Convention in 2004, to the primaries when he was vying with Senator Hillary Clinton for the Democratic nomination, to his acceptance speech at the Democratic National Convention in August, culminating in his Victory Speech on November 4th, 2008.
So are you ready to see how history has been made? Here we go!
Who Is Barack Obama?

■ track 07

Keynote Address at the 2004 Democratic National Convention: The Audacity of Hope.

■ track 23

Neck and Neck in the Primaries.

■ track 27

Acceptance Speech at the 2008 Democratic National Convention: The American Promise.

■ track 33

Victory Speech: Change Has Come to America.

■ track 39

That brings us to the end of this chapter in history, but we look forward to the next chapter and to bringing you many more great speeches by President Barack Obama in the future!

President-Elect:
大統領に当選した、次期大統領の
prove that:
〜であることを証明する
inspire A in B:
AをBに生じさせる、呼び起こす
join...to do:
…と一緒に〜する

air:
〜を放送する
appearance:
出現、登場
Democratic National Convention:
民主党大会（略称DNC）
vie with A for B:
《進行形はvying》BをAと競る、Bを求めてAと争う

nomination:
指名、任命
culminate in:
遂に〜にまで至る、〜という絶頂に達する
Here we go!:
さあ行こう！、さあ始めよう！
look forward to:
〜を楽しみに待つ

朝日出版社のホームページ

学習法からCNNのリスニングまで、
語学上達のためのコンテンツが満載。
商品のご購入はケータイからも可能です。
ぜひアクセスしてください。

↓

http://www.asahipress.com
http://asahipress.jp（ケータイ用）

［生声CD付き］
［対訳］オバマ演説集

2008年11月25日　初版第1刷発行
2009年 1月25日　　　第9刷発行

編　集	『CNN English Express』編集部
発行者	原　雅久
発行所	株式会社 朝日出版社
	〒101-0065 東京都千代田区西神田 3-3-5
	TEL: 03-3263-3321
	郵便振替 00140-2-46008
	http://www.asahipress.com（PC）http://asahipress.jp（ケータイ）
印刷・製本	凸版印刷株式会社
DTP	有限会社 ファースト
音声編集	ELEC（財団法人 英語教育協議会）
装　丁	岡本 健（岡本健 +）

© Asahi Press, 2008 All rights reserved. Printed in Japan　ISBN978-4-255-00451-8 C0082
CNN name, logo and all associated elements TM and © 2008 Cable News Network. A TimeWarner Company. All rights reserved.